Über dieses Buch

Die deutschsprachige Lyrik der letzten achtzig Jahre – repräsentiert durch ausgewählte Beispiele, die charakteristisch sind für die Lyriker dieses Zeitraums, ihre Möglichkeiten und ihre Epoche. – Der Band gliedert sich in drei Teile: Gedichte zum Thema Natur im weitesten Sinne; die Konfrontation mit dem Terror des Krieges und der Gewalt; die Existenz des Menschen im individuellen, gesellschaftlichen und politischen Erfahrungsbereich. Dem zeitbezogen-kritischen Aspekt in der Lyrik wurde besondere Aufmerksamkeit geschenkt. – Mehrere Gedichte wurden in diesem Band zum ersten Mal veröffentlicht.

Der Herausgeber

Fritz Pratz, Jahrgang 1927, war Studienrat an der Deutschen Schule in Paris und lebt jetzt in Darmstadt. Eigene Gedichte veröffentlichte er unter anderem in den Anthologien ›Transit‹, ›expeditionen‹, ›Lyrik aus dieser Zeit‹ und ›Jahresring‹ sowie in der Zeitschrift *Akzente*. Fritz Pratz schrieb außerdem Hörspiele und Essays und gab mehrere Sammlungen für den Deutschunterricht heraus: ›Satirische und groteske Lyrik des 20. Jahrhunderts‹, ›Neue deutsche Kurzprosa‹, ›Hörspieltexte‹ und ›Moritaten und Songs‹.

Deutsche Gedichte
von 1900 bis zur Gegenwart

Herausgegeben
von Fritz Pratz

Fischer
Taschenbuch
Verlag

Originalausgabe
Fischer Taschenbuch Verlag
  1.–22. Tausend: April 1971
23.–27. Tausend: November 1973
28.–32. Tausend: Juni 1975
33.–37. Tausend: September 1976
38.–42. Tausend: November 1977
Erweiterte Neuausgabe:
43.–53. Tausend: August 1979
54.–58. Tausend: Januar 1980
Umschlagentwurf: Jan Buchholz / Reni Hinsch
Unter Verwendung eines Fotos von Harro Wolter
Fischer Taschenbuch Verlag GmbH, Frankfurt am Main
© Fischer Taschenbuch Verlag GmbH, Frankfurt am Main, 1971, 1979
Gesamtherstellung: Hanseatische Druckanstalt GmbH, Hamburg
Printed in Germany
980-ISBN-3-596-22197

Inhalt

(Die mit einem * versehenen Gedichte wurden dem Herausgeber zur Erstveröffentlichung überlassen)

Vorwort   15
Vorwort zur erweiterten Neuausgabe   19

I

MOTTO: Franz Werfel, *Und doch*   21

Ernst Stadler, *Mittag*   23
Ernst Stadler, *Schwerer Abend*   23
Eugen Gottlob Winkler, *Bildnis einer Landschaft*   24
Klabund, *Ionische Landschaft*   24
Arno Holz, *Brücke zum Zoo*   25
Otto zur Linde, *Herbstsonne. Wolken. Die Birke*   26
Franz Werfel, *Dezemberabend in Wien 1936*   27
Franz Werfel, *Vorfrühling*   27
Paul Boldt, *Junge Pferde*   28
Georg Britting, *Raubritter*   28
Wolfgang Bächler, *Fischmarkt*   29
Günter Seuren, *Christus war da*   29
Georg Britting, *Der Hase*   30
Martha Saalfeld, *Die Hasen*   31
Walter Gross, *Dezembermorgen*   31
Günter Eich, *Tage mit Hähern*   32
Albin Zollinger, *Sonntag*   32
Hans Bender, *November*   33
Hans Bender, *Oktoberende*   33
Hermann Kasack, *Alte Klage*   34
Rose Ausländer, *Kreisen*   34
Heinz Piontek, *Krähen*   34
Heinz Piontek, *Die Furt*   35
Rainer Brambach, *Bericht aus dem Garten*   35
Oskar Loerke, *Märkische Landschaft*   36
Carl Guesmer, *Bilder aus Mecklenburg*   36
Wolfgang Bächler, *Der Kirschbaum*   37

Reiner Kunze, *Fischritt am Neujahrsmorgen* 38
Bernd Jentzsch, *Der Ort* 39
Karl Mickel, *Petzower Sommer* 40
Sarah Kirsch, *Im Sommer* 40
Sarah Kirsch, *Allein* 41
Karl Mickel, *Der Wald* 41
Rolf Haufs, *Deutscher Wald* 41
Bernd Jentzsch, *Das Colditzer Wäldchen* 42
Bernd Jentzsch, *Dieser eine Herbst* 42
Helga M. Novak, *traurige Gegend* 43
Helga M. Novak, *kleines Grenzlied* 43
Gottfried Benn, *Astern* 44
Stefan George, *Komm in den totgesagten park . . .* 44
Stefan George, *Eingang* 45
Karl Wolfskehl, *Herbst* 45
Hugo Ball, *Wolken* 46
Theodor Däubler, *Landschaft* 47
Georg Trakl, *Die schöne Stadt* 47
Georg Trakl, *Im Winter* 48
Yvan Goll, *Ode an den Herbst* 49
Max Hölzer, *Der Kanal . . .* 50
Paul Celan, *Entwurf einer Landschaft* 51
*Friedrich Hagen, *Silbermünzen schüttet der Bach . . .* 51
Wilhelm Lehmann, *An meinen jüngeren Sohn* 51
Wilhelm Lehmann, *Fallende Welt* 52
Wilhelm Lehmann, *Oberon* 53
Friederike Roth, *Schwäbisch Gmünd* 53
Rose Ausländer, *Tübingen* 54
Elisabeth Langgässer, *Regnerischer Sommer* 55
Elisabeth Langgässer, *Winterwende* 57
Erich Arendt, *Winter des Apennin* 58
Walter Höllerer, *Berlin-München 1963* 59
Nicolas Born, *Im D-Zug München–Hannover* 59
Georg Maurer, *Auf dem Wendelstein* 60
Jürgen Theobaldy, *Oktober* 61
Wolf Wondratschek, *Träumerei in Ornos* 61
Johannes Bobrowski, *Ostern* 62
Johannes Bobrowski, *Der Ilmensee 1941* 63
Johannes Bobrowski, *Nachtfischer* 64
Peter Huchel, *Wintersee* 64
Peter Huchel, *Schlucht bei Baltschik* 65
Ernst Blaß, *Sonnenuntergang* 65
Max Herrmann-Neisse, *Im Vollmondglanze* 66

Oskar Loerke, *Landschaft im Strom* 66
Karl Krolow, *Landschaft aus der Luft* 67
Karl Krolow, *Wenn es grün wird* 67
Günter Eich, *Botschaften des Regens* 68

II

MOTTO: Erich Fried, *Die Maßnahmen* 69

Alfred Lichtenstein, *Die Zeichen* 71
Alfred Lichtenstein, *Abschied* 71
Otto Nebel, *Zuginsfeld* 72
Hans Schiebelhuth, *Feld* 74
Klabund, *Deutsches Volkslied* 75
Franz Werfel, *Die Wortemacher des Krieges* 76
Georg Heym, *Der Krieg* 76
August Stramm, *Patrouille* 78
August Stramm, *Vernichtung* 78
Albert Ehrenstein, *Walstatt* 79
Georg Trakl, *Grodek* 79
Georg Heym, *Nach der Schlacht* 80
Johannes R. Becher, *Deutsche Gräber an der Ostfront* 80
Bertolt Brecht, *Mein Bruder war ein Flieger* 81
Günter Eich, *Latrine* 81
Günter Eich, *Inventur* 82
Hans Bender, *Der junge Soldat* 83
Ernst Jandl, *1944 1945* 84
Peter Huchel, *Chausseen* 84
Peter Huchel, *Warschauer Gedenktafel* 85
Stephan Hermlin, *Die toten Städte* 86
Nicolas Born, *Einzelheit, damals* 87
Heinz Piontek, *Zurückdenkend* 88
Heinz Czechowski, *Niobe* 88
Marie Luise Kaschnitz, *Bräutigam Froschkönig* 89
Hans Magnus Enzensberger, *fund im schnee* 90
Peter Gan, *Ein Traum* 90
Stephan Hermlin, *Die Vögel und der Test* 91
Georg Heym, *Die Gefangenen* 92
Oskar Loerke, *Genesungsheim* 92
Karl Wolfskehl, *Nova Apocalypsis* 93
Walter Mehring, *Die Sage vom Großen Krebs* 93

Paul Celan, *Todesfuge* ·· 95
Nelly Sachs, *Chor der Geretteten* 96
Nelly Sachs, *Auf daß die Verfolgten nicht Verfolger werden* 97
Rose Ausländer, *Fragebogen* 98
Rose Ausländer, *Anklage* 99
Wolfgang Weyrauch, *Die Gleichung* X 99
Rainer Kirsch, *Ausflug machen* X 100
*Friedrich Hagen, *nach jeder Nacht . . .* 101
Gertrud Kolmar, *Grabschrift* 101
Oskar Loerke, *Ende der Gewalt* 102
René Schickele, *Abschwur* 102
Erich Fried, *Humorlos* 103
Bertolt Brecht, *Lied der Starenschwärme* 103
*Arnfrid Astel, *Schützenhilfe* 104
*Arnfrid Astel, *Telefonüberwachung* 104
Reiner Kunze, *Zimmerlautstärke* 105
*Horst Bingel, *Der Gang* 105
Christa Reinig, *Vor der Abfahrt* 105
Christa Reinig, *Der Baum, der reden lernte* 106
Franz Mon, *weil ich in ordnung gehe . . .* 106
Reiner Kunze, *Das Ende der Fabeln* 107
Karl Mickel, *An M.* 107
Rainer Kirsch, *Aufschub* 108
Christa Reinig, *Kassiber* 109
Wolfgang Hädecke, *Teltowkanal* 109
Horst Bienek, *Exekution* 110
Horst Bienek, *Sehr fern* 110
Hilde Domin, *Wen es trifft* 111
Karl Krolow, *Heute noch* 116
Elisabeth Borchers, *Genug davon* 116
Walter Helmut Fritz, *Fesselung* 117
Günter Eich, *Nachhut* 117
Ingeborg Bachmann, *Anrufung des Großen Bären* 118
Hans Egon Holthusen, *Variationen über Zeit und Tod (VII)* 119
Hans Magnus Enzensberger, *abendnachrichten* 119
Volker Braun, *Der ferne Krieg* 120
Hans Magnus Enzensberger, *ins lesebuch für die oberstufe* X 120

8

III

MOTTO: Kurt Schwitters, *Stumm*   121

Rainer Maria Rilke, *Die Sonette an Orpheus (XXV)*   123
Rainer Maria Rilke, *Jetzt reifen schon
die roten Berberitzen...*   123
Hugo von Hofmannsthal, *Terzinen I
Über Vergänglichkeit*   124
Hugo von Hofmannsthal, *Weltgeheimnis*   124
Rudolf Borchardt, *Pargoletta*   125
Konrad Weiss, *Aktäon*   127
Stefan George, *Wir schreiten auf und ab im reichen flitter...*   128
Rudolf Borchardt, *Die September-Sonette*   129
Rudolf Alexander Schröder, *Irgendwo*   130
Werner Bergengruen, *Leben eines Mannes*   131
Georg von der Vring, *Nachtstunde*   131
Else Lasker-Schüler, *Versöhnung*   132
Else Lasker-Schüler, *Ein alter Tibetteppich*   133
Alfred Mombert, *ALLES ist hier...*   133
Ernst Wilhelm Lotz, *Wir fanden Glanz*   134
August Stramm, *Verabredung*   134
Albert Ehrenstein, *Heimkehr*   135
Ilse Aichinger, *Breitbrunn*   135
Franz Werfel, *Fremde sind wir auf der Erde Alle*   135
Gottfried Benn, *Abschied*   136
Rainer Maria Rilke, *Die achte Duineser Elegie*   137
Rainer Maria Rilke, *Ausgesetzt auf den Bergen
des Herzens...*   139
Nelly Sachs, *So einsam ist der Mensch*   140
Else Lasker-Schüler, *Mein blaues Klavier*   140
Christine Lavant, *ALTER Schlaf,
wo hast du deine Söhne?*   141
Else Lasker-Schüler, *Gebet*   141
Else Lasker-Schüler, *Ich weiß*   142
Günter Bruno Fuchs, *Für ein Kind*   142
Johannes Poethen, *»So nimm von der sonne und geh«*   143
Peter Härtling, *Beispiele*   143
Peter Härtling, *Kostbar*   144
Hermann Hesse, *Knarren eines geknickten Astes*   144
Yvan Goll, *Schnee-Masken*   145
Paul Celan, *Allerseelen*   145
Yvan Goll, *Stunden*   146

Paul Zech, *Schwarz ... schwer ...*   146

Gottfried Benn, *Ein Wort*   147

Bertolt Brecht, *Der Radwechsel*   X ✓ 147

Kurt Tucholsky, *Das Lächeln der Mona Lisa*   147

Friederike Roth, *Liebesgedicht*   148

Ursula Krechel, *Liebe am Horizont*   149

Wolf Wondratschek, *Zwei Liebende*   149

*Günter Kunert, *Hausvisite*   150

Günter Kunert, *Nachlaßlager,*
   Kleine Alexanderstraße, Berlin   152

Wolfgang Weyrauch, *Orpheus in der Mittelwelt*   153

*Wolfgang Weyrauch, *Und drunter*   156

Walter Höllerer, *Schiller Gedächtnis*   158

Karl Alfred Wolken, *Vier Beine hat der Tisch*   160

Ilse Aichinger, *Bei Linz*   161

*Günter Kunert, *Vorschlag*   161

Helmut Heißenbüttel, *Topographien (e)*   162

Helmut Heißenbüttel, *das Sagbare sagen ...*   162

Hilde Domin, *Drei Arten Gedichte aufzuschreiben*   163

*Karl Schwedhelm, *gleich und gültig*   164

Eugen Gomringer, *sich zusammenschließen ...*   165

*Marie Luise Kaschnitz, *Inwendig*   165

Horst Bienek, *Sagen Schweigen Sagen*   166

Eugen Gomringer, *worte sind schatten ...*   166

Marie Luise Kaschnitz, *Nicht gesagt*   167

Alfred Mombert, *Der dürre Mönch*   168

Alfred Mombert, *Mich treibt die Macht*
   »Unaufhaltbar« –...   168

Albin Zollinger, *Tiefe des Traums*   169

Jakob van Hoddis, *Es hebt sich ein rosa Gesicht ...*   170

Hugo Ball, *Das Gespenst*   170

Kurt Schwitters, *Wand*   171

Kurt Schwitters, *Beingrenzen*   172

Ernst Meister, *Zerstreuung eines Fisches*   172

Ernst Meister, *Ein Stück Zeitungspapier*   172

Ernst Meister, *Zeigen*   173

Günter Grass, *Zugefroren*   173

*Anise Koltz, *Erde du bist weit ...*   174

Elisabeth Borchers, *Ich erzähle dir*   174

*Günter Kunert, *Grünes Gedicht*   175

Ingeborg Bachmann, *Schatten Rosen Schatten*   175

Gottfried Benn, *Verlorenes Ich*   176

Georg Trakl, *Verfall* — 177
Georg Trakl, *Die Ratten* 177
Georg Trakl, *Trübsinn* — 178
*Walter Rheiner, *Trauer* 178
*Walter Rheiner, *Das Haus* 179
Günter Herburger, *Der Gesang der Wale* 180
Gertrud Kolmar, *Trauerspiel* 182
Georg Heym, *Die gefangenen Tiere* 182
Rainer Maria Rilke, *Der Panther* X 183
Yvan Goll, *Der Salzsee* 184
Yvan Goll, *Der Staubbaum* 184
Claire Goll, *Augenlider aus Stein* 185
Claire Goll, *Angina* 185
Hilde Domin, *Herbst* 186
Ludwig Fels, *Sandbank* 187
Hermann Kasack, *Treibend* 187
Hermann Kasack, *Vorüber* 188
Ludwig Fels, *Mein Glück* 188
Paul Klee, *Traum* 189
Wilhelm Klemm, *Das Autounglück* 189
Paul Klee, *– helft bauen –* 190
Hans Arp, *Der poussierte Gast (6)* 190
Hans Arp, *Das Tagesgerippe (7)* 191
Rainer Brambach, *Niemand wird kommen* 191
Günter Eich, *Satzzeichen* 192
Ilse Aichinger, *Abgezählt* 192
Ilse Aichinger, *Durch und durch* 193
*Ernst Eggimann, *nun kenne ich ihn* 193
*Ernst Eggimann, *bohnen sind weisse kiesel* 193
*Ernst Eggimann, *nid nala gewinnt* 194
Jesse Thoor, *Selig ist . . .* 196
Marie Luise Kaschnitz, *Mann und Maus* 196
*Marie Luise Kaschnitz, *Zuende* 197
Karl Krolow, *Gesang vor der Tür* 197
Ingeborg Bachmann, *Die gestundete Zeit* 198
Hugo von Hofmannsthal, *Der Schiffskoch,
  ein Gefangener, singt:* 199
*Gabriele Wohmann, *Ich bin kein Insekt . . .* 199
*Gabriele Wohmann, *Ich war mit dem
  Abschiedsbrief fertig . . .* 200
Peter Rühmkorf, *Variation auf »Abendlied«
  von Matthias Claudius* 200
Peter Handke, *Die unbenutzten Todesursachen* 201

Raoul Hausmann, *Nichts* 203
Georg Heym, *Der Gott der Stadt* 204
Ernst Stadler, *Ballhaus* 204
Nelly Sachs, *Sieh doch* 206
Johannes Schenk, *Schichtzettel* 206
Jürgen Theobaldy, *Nah bei der Boutique* 207
Rolf Dieter Brinkmann, *Einen jener klassischen* 208
Ursula Krechel, *Frischer Saft* 208
Rolf Dieter Brinkmann, *Oh, friedlicher Mittag* 210
Jürgen Becker, *Langsam, ein Sonntag* 211
Jürgen Becker, *Im Schatten der Hochhäuser* 211
Jürgen Becker, *Am Stadtrand, Militärringstraße* 211
Ingeborg Bachmann, *Reklame* 212
Gottfried Benn, *Fragmente* 212
*Günter Kunert, *Daystream* 213
Friederike Mayröcker, *Text dem Mazedonischen
   angenähert* 214
*Gabriele Wohmann, *Strom* 216
Walter Höllerer, *Ffm. Hbf.* 218
Stefan George, *Goethe-Tag* 219
Stefan George, *Porta Nigra* 220
*Anise Koltz, *Immer wascht ihr . . .* 221
Wolf Wondratschek, *Ein Dichter in Amerika* 221
Peter Rühmkorf, *Schluß der Audienz* 223
Ferdinand Hardekopf, *Zwiegespräch* 224
Wassily Kandinsky, *Immer Zusammen* 224
Ernst Blaß, *Abendstimmung* 225
Alfred Lichtenstein, *Die Dämmerung* 225
Alfred Lichtenstein, *Das Konzert* 226
Günter Bruno Fuchs, *Untergang* 227
Jakob van Hoddis, *Weltende* 227
Erich Kästner, *Maskenball im Hochgebirge* 228
Jesse Thoor, *Das zweite Irrenhaussonett* 229
Frank Wedekind, *Der Tantenmörder* 229
Frank Wedekind, *Brigitte B.* 230
Walter Mehring, *Kinderlied* 232
Ror Wolf, *vier herren* 233
Ror Wolf, *mein famili* 233
Ror Wolf, *die köchin* 235
Joachim Ringelnatz, *Schindluder* 236
Günter Grass, *Falada* 236
Ernst Jandl, *im delikatessenladen* 237
Christian Morgenstern, *Möwenlied* 238

Christian Morgenstern, *Das Mondschaf* 238
Jakob van Hoddis, *Andante* 239
Günter Grass, *Nächtliches Stadion* 239
F. C. Delius, *Schulreform* 239
Hans Arp, *das bezungte brett* 240
Paul Celan, *Huhediblu* 242
Kurt Schwitters, *Cigarren* 244
Helmut Heißenbüttel, *Bremen wodu* 245
Eugen Gomringer, *o bo blow . . .* 246
Ernst Jandl, *perfektion* 247
Ernst Jandl, *etüde in f* 248
Kurt Leonhard, *Ein fußgekitzelter . . .* 249
Franz Mon, *in den schwanz gebissen* 250
Hans Carl Artmann, *Sah ein kleines unicorn* 250
Arno Holz, *Unanjenehm* 253
Franz Fühmann, *Lob des Ungehorsams* 258
Bertolt Brecht, *Die Krücken* 259
Bertolt Brecht, *Morgendliche Rede an den Baum Griehn* 259
Bertolt Brecht, *Fragen eines lesenden Arbeiters* 260
Volker Braun, *Fragen eines Arbeiters während
der Revolution* 261
Hans Magnus Enzensberger, *küchenzettel* 261
Kurt Tucholsky, *Park Monceau* 262
Peter Rühmkorf, *Anti-Ikarus* 263
Joachim Ringelnatz, *Die neuen Fernen* 264
Erich Kästner, *Ein Kubikkilometer genügt* 264
Georg Kaiser, *Oradour* 265
Hilde Domin, *Graue Zeiten* 265
Jesse Thoor, *Wolfsonett (– im Februar 1944)* 268
Horst Bingel, *Fragegedicht* 268
Christian Morgenstern, *Das Knie* 271
Christoph Meckel, *Lied zur Pauke* 271
Erich Fried, *Beim Nachdenken über Vorbilder* 272
Volker Braun, *Gebrauchsanweisung zu einem Protokoll* 272
Hans Magnus Enzensberger, *verteidigung der wölfe gegen
die lämmer* 273
Helga M. Novak, *vom Deutschen und der Polizei* 274
Christoph Meckel, *Mäusejagd* 275
Hans Magnus Enzensberger, *ratschlag auf höchster ebene* 275
Ursula Krechel, *Über die Perspektive* 276
Dagmar Nick, *Den Generälen ins Soldbuch* 277
Karl Schwedhelm, *sedativer rat für staatsbesuche* 278
Peter Handke, *Die drei Lesungen des Gesetzes* 279

Günter Bruno Fuchs, *Gelöbnisse des neuen Bürgermeisters*   281
F. C. Delius, *Nach dem Manöver*   282
Wolf Biermann, *Ballade vom preußischen Ikarus*   283
Wolf Biermann, *Fritz Cremer, Bronze: »Der
  Aufsteigende«*   284
Erich Fried, *Taten*   286
Bertolt Brecht, *An die Nachgeborenen*   286
Hans Magnus Enzensberger, *weiterung*   288

Autoren- und Quellenverzeichnis   291
Verzeichnis der Überschriften   309

Vorwort

Gedichte/Wie entsteht ein Gedicht? – Thema nebst Antworten in einer Editionsreihe (edition suhrkamp).

Gedichte/Wie entsteht eine Gedichtanthologie?

Die hier vorliegende entstand in über zweijähriger kontinuierlicher Arbeit. Aus dem Gedichtbestand, den unser Jahrhundert hervorgebracht hat, wurde gesammelt, was – ohne Frage subjektiv – interessant erschien, das heißt, die Gedichte sollten bezeichnend sein, erhellend für den Lyriker, seine Möglichkeiten und seine Epoche. Mit besonderer Vorliebe wurden sie aufgenommen, wenn sie diese ihre Epoche provozierten.

Der Erfolg der Autoren bei ihren Zeitgenossen spielte keine Rolle, so daß einerseits große Namen auch mit ihren bekanntesten Stücken vertreten sind, andererseits bei einigen Koryphäen ihrer Tage auf allzu Geläufiges verzichtet werden konnte zugunsten heute frischer und unmittelbar wirkender Gedichte. Schließlich stehen aber auch Lyriker in diesem Buch, die ganz vergessen oder noch nicht hinreichend bekannt sind.

Spezielle Entdeckerfreuden bereitete es, in der Lyrik des Jahrhundertbeginns Inhalte und Sprecharten zu finden, die offensichtlich Keimzellen wichtiger lyrischer Richtungen unserer Gegenwart sind. Richtungen führen weiter, verweisen zurück, lassen zurück. Die Epochen der symbolistischen und der expressionistischen Lyrik scheinen abgeschlossen. Als zurückgelassen in diesem Sinne galt bislang auch diejenige Gedichtart Stefan Georges, die massiv mit den Zeitgenossen ins Gericht geht (vor allem ›Porta Nigra‹ und andre ›Zeitgedichte‹, 1906). Jedoch sind Gedichte von Enzensberger, zum Beispiel ›verteidigung der wölfe gegen die lämmer‹ oder ›ratschlag auf höchster ebene‹, und von Rühmkorf (›Schluß der Audienz‹, ›Anti-Ikarus‹) von der gleichen Intention getragen. Der prätentiöse Ton jener George-Gedichte in sogenannter Zeitschelte-Manier ist bei Enzensberger und Rühmkorf freilich einer mindestens ebenso verächtlich sich äußernden sarkastisch-nüchternen Diktion gewichen.

Durchgehende Linien bis in die Gegenwart sind sichtbar in der satirisch-ironischen Richtung von Arno Holz, Morgenstern, Ringelnatz und Wedekind bis hin zu Ror Wolf und Günter Bruno Fuchs, ebenso in der naturmagischen von Lehmann, Loerke, Elisabeth Langgässer, Britting zu Brambach, Piontek, Mickel. Oder beim Chiffre-Gedicht, wie es auftritt bei Jesse Thoor, Kasack, Krolow, Meister, Grass, beim surrealistischen von Goll bis Celan; in Korrespondenz zu den Montagegedichten

Benns stehen Gedichte wie ›Reklame‹ von Ingeborg Bachmann. ›Lob des Ungehorsams‹ (Fühmann), ›Der Baum, der reden lernte‹ (Christa Reinig), ›Humorlos‹, ›Taten‹ (Fried) – dies sind nur einige unter vielen aus dem Band – setzen Brecht voraus.

Es gibt Autoren, die in verschiedenen Umgebungen auftreten, entsprechend ihrer literarischen Entwicklung, und die also bei der Betrachtung nach Richtungen einer unangemessenen Etikettierung entgehen; darunter Arp, Eich, Marie Luise Kaschnitz, Krolow, Fuchs, Kunert, Weyrauch. Interessant ist auch festzustellen, daß bestimmte Motive – beispielsweise Krieg und institutionelle Gewalt – in allen Gruppen sich finden, das heißt durch verschiedenen sprachlichen Ton ausgedrückt werden.

Diese aufgespürten Linien boten sich zunächst an für die Zusammenordnung des Bandes, da die Reihenfolge der ausgewählten Gedichte nach dem Jahrgang ihrer Autoren sich als zu nichtssagend erwies und die chronologische Gedicht-Ordnung problematisch ist, weil die Komponenten, die zum fertigen Text führen, zeitlich nicht genau bestimmbar sind.

Die Einteilung der Gedichte nach Richtungen enthielt aber bei allem Erkenntniswert über den Fortgang der Lyrik seit 1900 den Nachteil, daß sie den gewichtigen zeitkritischen Akzent der deutschen Lyrik unseres Jahrhunderts nicht genügend verdeutlichte, eher verstellte. »Es kommt auf die Wirkung der Dichtung an, nicht auf die Melodie« (Yvan Goll). Das Gedicht als Mittel zeitkritischer Aussage trat, je mehr der Band Gestalt annahm, immer mehr in den Vordergrund; es zeigte sich, daß es über alle bisherige Vorstellung hinaus ein wichtiger Faktor lyrischer Produktion geworden war. In Konsequenz dessen hat die Anthologie in einer thematischen Ordnung ihre endgültige Gestalt erhalten.

Die entscheidenden Bewegkräfte für die deutschsprachigen Lyriker im 20. Jahrhundert sind offensichtlich einmal das, was sich als »Natur«-Begriff manifestiert: Außenwelt und Innenwelt, bzw. äußere und innere Landschaft; zum anderen die Konfrontation mit dem Terror des Krieges und der Gewalt; und schließlich vor allem die Existenz des Menschen im Erfahrungsbereich ihrer Zeitlichkeit, von »Weltunglück« (Georg Trakl) individueller, aber auch gesellschaftlicher und politischer Art. Diesen drei Hauptkomponenten entspricht die Gliederung des Gedichtbuches in drei übergreifende Kapitel.

Wo sie sich im thematischen Rahmen ergaben, wurde Nachbarschaften und Verwandtschaften in der Sprechart – am augenfälligsten wohl bei den Laut- und Wortspielen der Dadaisten auf der einen und der heutigen Konkretisten auf der anderen Seite – nicht ausgewichen. So blieb erhalten, was sich bei jenem ersten Versuch einer Ordnung nach Richtungen als ein Vorteil erwiesen hatte: Autoren werden als Wegbereiter erkennbar (etwa, um bei dem obigen Beispiel zu bleiben, Kurt Schwitters).

Der größere Umfang des letzten Kapitels resultiert daraus, daß zu seinen Themen die große Gruppe der Gedichte mit zeitbezogen-kritischem Aspekt gehört. »Wir müssen nicht nur Spiegel sein, welche die Wahrheit außer uns reflektieren. Wenn wir den Gegenstand in uns aufgenommen haben, muß etwas von uns dazukommen, bevor es wieder aus uns herausgeht, nämlich Kritik, gute und schlechte, welche der Gegenstand vom Standpunkt der Gesellschaft aus erfahren muß. So daß was aus uns herausgeht durchaus Persönliches enthält, freilich von der zwiespältigen Art, die dadurch entsteht, daß wir uns auf den Standpunkt der Gesellschaft stellen« – so Brecht in ›Über Lyrik‹; die zeitkritische Tendenz der Lyrik korrespondiert mit den Äußerungen von Beteiligten zur Theorie der modernen Lyrik. Nach der Ermordung von Rosa Luxemburg und Karl Liebknecht forderte Walter Rheiner, ein Lyriker, den keine Literaturgeschichte erwähnt: »Klärt auf! Sprecht! Redet! Schreit!« Zeitkritik als Manifestation und Protest, provoziert vom politischen Tagesgeschehen – bei einer Standortbestimmung der heutigen Lyrik muß sie als ein wesentlicher Gesichtspunkt gewertet werden. Jean Améry erblickte anläßlich einer Analyse der Situation am Übergang von den Sechzigern zu dem neuen Jahrzehnt in der Re-Politisierung unseres Bewußtseins die prägende Erscheinung der jüngsten Vergangenheit: In Entsprechung dazu bestätigt sich die Unmittelbarkeit der Korrelation Dichter – Zeit.

Frühjahr 1971   Der Herausgeber

Vorwort zur erweiterten Neuausgabe

Als diese Lyrik-Anthologie erschien, war noch die Rede vom Tod der bürgerlichen Literatur. Damals – Bände von Lyrikern fanden sich nur vereinzelt, hauptsächlich in kleinen Verlagen – hatten die »Deutschen Gedichte« schon einen überraschenden, zunächst konstanten, später progressiven Erfolg.

Inzwischen ist ein anwachsendes Interesse an Lyrik festzustellen. Es werden wieder Gedichte gelesen. Auch große Verlage nehmen vermehrt Lyrikbände in ihr Programm auf. Es erscheinen nun Gedichtsammlungen von Autoren, die vorher in Buchform nur andere literarische Gattungen veröffentlicht hatten (Ilse Aichinger), Bände von Lyrikern, die in der Gesamtschau des bisherigen Schaffens ihren Rang verdeutlichen (Rose Ausländer), schließlich neue Bücher arrivierter Gedichteschreiber (etwa Karl Krolow) und nicht zuletzt Gedichtbände jüngerer und jüngster Lyriker. Trendbeschwörer sprechen dabei von »neuer Innerlichkeit«. Als ob diese Autoren lediglich Privates ausdrückten. Sie versuchen jedoch, erfahrene Realität in literarischer Form zu bewältigen. Bezeichnenderweise äußert sich das Bewußtsein von Umwelt in den Natur- und Stadtgedichten, zum Beispiel von Bernd Jentzsch, Helga M. Novak, Jürgen Becker, Rolf Dieter Brinkmann, viel sensitiver, als es der aktuelle Sprachgebrauch widerspiegelt. Auch die Thematik zwischenmenschlicher Beziehungen (an Wolf Wondratschek, Jürgen Theobaldy oder Ludwig Fels wäre zu denken) stützt nicht die These von einem »Rückzug aufs Ich«. Nur Kritiker, die in der Gesellschaft nicht auch die Summe menschlicher Einzelbeziehungen sehen, werden hier Subjektivität etikettieren.

Die erweiterte Neuauflage der »Deutschen Gedichte« versucht, die Entwicklung der Lyrik im 20. Jahrhundert bis zur unmittelbaren Gegenwart zu verfolgen und nachzuzeichnen. Der Herausgeber wünscht sich Leser, die neugierig und neugierig zu machen sind auf Gedichte unseres Jahrhunderts.

Frühjahr 1979   Der Herausgeber

Und doch! Sonne und Wälder toben vorbei,
Eis steht im Teich. Windmühlen wunderbar
Tanzen am Himmel, und eine Vogelschar
Hängt im Unendlichen frei.

ERNST STADLER

Mittag

Der Sommermittag lastet auf den weißen
Terrassen und den schlanken Marmortreppen·
die Gitter und die goldnen Kuppeln gleißen·
leis knirscht der Kies. Vom müden Garten schleppen

sich Rosendüfte her· wo längs der Hecken
der schlaffe Wind entschlief in roten Matten·
und geisternd strahlen zwischen Laubverstecken
die Götterbilder über laue Schatten.

Die Efeulauben flimmern. Schwäne wiegen
und spiegeln sich in grundlos grünen Weihern·
und große fremde Sonnenfalter fliegen
traumhaft und schillernd zwischen Düfteschleiern.

ERNST STADLER

Schwerer Abend

Die Tore aller Himmel stehen hoch
    dem Dunkel offen,
Das lautlos einströmt,
    wie in bodenlosen Trichter
Land niederreißend.
    Schatten treten dichter
Aus lockren Poren
    nachtgefüllter Schollen.
Die Pappeln,
    die noch kaum von Sonne troffen,
Sind stumpf wie schwarze Kreuzesstämme
    übers Land geschlagen.
Die Äcker wachsen grau und drohend –
    Ebenen trüber Schlacke.
Nacht wirbelt aus den Wolkengruben,
    über die die Stöße rollen
Schon kühler Winde,
    und im dämmrigen Gezacke
Hellgrüner Weidenbüschel,
    drin es rastend sich und röchelnd eingeschlagen,
Verglast das letzte Licht.

Bildnis einer Landschaft

Dieses niemals aufgeräumte Land,
Dieses Labyrinth von Ding zu Ding,
Die künstlich oder abgestorben sind,
Durchwandern meine Schritte selbst im Schlaf.

Solch ein Haus, das, seltsam halbgebaut,
Schon das nahende Verfallen spürt,
Geht so lächerlich zugrund wie ich,
Der noch dieses unbekannte Stück

In dem Wirrsal von Gewächsen, Schutt
Und bizarren Straßen weiter muß.
Ich erinnere mich ungewiß
Der Gebärden einer jungen Frau,

Die ich liebte, lang, vor Tag und Jahr ...
Rötlich wird ein Stück am Horizont,
Ein geköpfter Hahn verlor den Schrei.
Früher Schnee stäubt auf die Unordnung.

Klabund

Ironische Landschaft

Gleich einem Zuge grau zerlumpter Strolche
Bedrohlich schwankend wie betrunkne Särge
Gehn Abendwolken über jene Berge,
In ihren Lumpen blitzen rote Sonnendolche.

Da wächst, ein schwarzer Bauch, aus dem Gelände
Der Landgendarm, daß er der Ordnung sich beflisse,
Und scheucht mit einem bösen Schütteln seiner
    Hände
Die Abendwolkenstrolche fort ins Ungewisse.

Brücke zum Zoo

Im Tiergarten, auf einer Bank,
behaglich,
ein Knie über das andere, bequem-nachlässig zurückgelehnt,
sitze ich
und rauche und
freue mich über die schöne Vormittagssonne!

Vor mir,
glitzernd, der Kanal:
den
Himmel spiegelnd, beide Ufer
leise schaukelnd.

Über die Brücke, langsam Schritt, reitet ein Leutnant.
Unter ihm,
zwischen den dunkelen, schwimmenden, blütenkerzigen
Kastanienkronen,
pfropfenzieherartig,
ins
Wasser gedreht,
den
Kragen siegellackrot,
sein
Spiegelbild.

Aus den hohen Uferulmen
schmettern die Finken,
vom nahen
Zoo,
erfreulich ohrenbeleidigend, metallischschrillgell,
markdurchdringlich,
verliebt,
erhebt sich ein Affengekreisch;
ein ganz
wahrhaftiger,
wahrer und wirklicher
Kuckuck,
irgendwo, hinter mir,
siebenmal,
ruft.

Herbstsonne. Wolken. Die Birke

Herbstsonne. Wolken. Die Birke
Biegt sich im böigen Wind.
Durch dünneres Baumlaubgewirke
Kühleres Sonnenlicht rinnt.

Levkojen und Astern im Strauße
Duften nicht. Und Amaryll
Und letzte Geranien vorm Hause
Blühten so herbstspät und still,

So schweigend gegen den Tod hin –
Die Trauben blaun am Balkon.
Ein Krähe krächzt, warnende Botin
Des Winters, der wartet schon.

Soll nun das Würgen des Jahres
Wieder in Winter gehn?
Herbstsommer, Herbstwinter schon war es,
Wir sahen kein Ostern aufstehn.
Der Sommer ging, und die Nacht sank,
Der Tag kam und der Tod.
Wir waren des Blühens unachtsam,
Und des Singens war uns nicht not.

Wohl hörten wir Lieder von Lippen
So rot, die sind nun bleich:
Kerzen und Christkinderkrippen,
Und ein Schneefeld schmerzenreich.

Und ein Acker mit blutroten Raden,
Und ein Feldrain mit Knabenkraut;
Tausend tote Soldaten
Hat jeder Tag geschaut.

Tausend im Jahr und im Volke
Wie lang, oh wie lang ist ein Jahr!
Und der Welt eine blutrote Wolke,
Überm Feld eine Aaskrähenschar.

Und ein Kreuz am Himmel, das weitet
Seine Arme nach Ost und nach West,
Darunter aber schreitet
Der Krieg, der Tod, die Pest.

FRANZ WERFEL

Dezemberabend in Wien 1936

O winterliche Fünf-Uhr-Stunde!
Der Himmel überm Kahlenberg
Vertropft die blasse Seitenwunde
Ins aufgebauschte Wolkenwerg.

In Grinzing und in Heiligenstadt
Entspringt das Licht in langen Zeilen.
Mondhoch bewacht ein Ziffernblatt
Den Park, wo frierend Menschen eilen.

Mein Blick geht den Vermummten nach,
Die mühsam sich durchs Dunkel treiben.
Ein schweres Omen stäubt vom Dach
Drei Würfe Schnee an meine Scheiben.

FRANZ WERFEL

Vorfrühling

Der Schnee des Rasens wird schon räudig,
Weil ihn ein kleiner Wind berennt.
Der Himmel dehnt sich traurig-freudig,
Ein leerer Rekonvaleszent.

Das Strauchwerk krampft den Arm nach oben.
Die Ruten dulden leidbereit,
Daß Spatzenvölker sie durchtoben
Mit pöbelnder Begehrlichkeit.

Noch ist kein Schaft zu treiben willig,
Da er die Weckung nicht begreift,
Indes die Vogelwolke schrillig
Um Einlaß schon und Anfang keift.

PAUL BOLDT

Junge Pferde

Wer die blühenden Wiesen kennt
Und die hingetragene Herde,
Die, das Maul am Winde, rennt:
Junge Pferde! Junge Pferde!

Über Gräben, Gräserstoppel
Und entlang den Rotdornhecken
Weht der Trab der scheuen Koppel,
Füchse, Braune, Schimmel, Schecken!

Junge Sommermorgen zogen
Weiß davon, sie wieherten.
Wolke warf den Blitz, sie flogen
Voll von Angst hin, galoppierten.

Selten graue Nüstern wittern,
Und dann nähern sie und nicken,
Ihre Augensterne zittern
In den engen Menschenblicken.

GEORG BRITTING

Raubritter

Zwischen Kraut und grünen Stangen
Jungen Schilfes steht der Hecht,
Mit Unholdsaugen im Kopf, dem langen,
Der Herr der Fische und Wasserschlangen,
Mit Kiefern, gewaltig wie Eisenzangen,
Gestachelt die Flossen: Raubtiergeschlecht.

Unbeweglich, uralt, aus Metall,
Grünspanig von tausend Jahren.
Ein Steinwurf! Wasserspritzen und Schwall:
Er ist blitzend davongefahren.

Butterblume, Sumpfdotterblume, feurig, gelblich rot,
Schaukelt auf den Wasserringen wie ein Seeräuberboot.

WOLFGANG BÄCHLER

Fischmarkt

Die toten Fische
sperren die Mäuler auf,
starren dich an
von den Holzstellagen
mit dunklen Pupillen.
Ihr eingetrocknetes Blut
ist schwarz geworden
auf der Perlmutthaut.

Wer vernimmt ihre Schreie,
fängt den erloschenen Blick?
Die offenen Mäuler teilen
lautlos Geheimnisse mit,
die du vergebens
zu deuten versuchst.

Doch glaube nicht,
daß sie ohne Wirkungen sind.
Sie kreisen deine Gedanken ein.
Sie färben den Bau deiner Träume
mit schwarzem Blut,
mit schillerndem Weiß,
mit dem Grün und dem Blau
und dem Grau
der zu Markte getragenen Häute.

GÜNTER SEUREN

Christus war da

Christus war da, stand an der Pißwand.

Wir haben alles gesehen,
wir Fußgänger, wir ahnungslosen Leute
im Englischen Garten,
plötzlich sahen wir die arme Kreatur,
die Flußmöwe
und auch die Lähmungserscheinungen.

Eine Überdosis Gift im Körper,
sagten wir, sprachen gerade
über die Epidemie
auf den städtischen Wasserspiegeln,
das rätselhafte Massensterben
seit Tagen, sagten wir,
da kam er
in Christus-Manier,
dieses jugendlich vergammelte Subjekt,
setzte den Fuß drauf,
bis sich nichts mehr bewegte.

Die Streife verwarnte den Mann,
legte ihm nahe,
in Zukunft mehr Rücksicht zu nehmen
auf Passanten,
alte Menschen, Minderjährige und werdende Mütter.

GEORG BRITTING

Der Hase

Zwischen den Türmen, an Läufen,
Erstarrten, hängt der Hase am Fensterbrett.
Der Schneewind pfeift, der Dachwind weht,
Und von den Dachziegeln träufen

Dicke, schwarze Wassertropfen,
Die zerknallend auf dem Blech
Wie rasche Flintenschüsse klopfen.
Rührt es nicht, halb scheu, halb frech,

Das Wiesentier, die Ohren?
Hier ist kein Feld, kein Dämmerwald,
Nur der dicke Tropfen knallt
Feucht und unverfroren.

Von der Straße, schrill und wüst,
Viele Pfiffe stürmen.
Mit geknicktem Knochengerüst
Schwankt der Hase zwischen den Türmen.

MARTHA SAALFELD

Die Hasen

Nun sind die Hasen kühn geworden, wühlen
im Schnee das karge Kraut; sie finden nichts
als die verholzte Staude und des Lichts
wollige Flocke und bekümmert fühlen

Sie Frost schon auf dem kleinen Leder, das
mit Stroh gestopft – im Winde trocknen kann
eh es die Frau verkauft. Und daß der Mann
nichts von dem Gelde weiß; denn alles was

Ein Unrecht ist, wird ihnen angetan.
Und schleifen sie die Läufe nicht im Schnee,
noch kräftig zwar? Doch ist Vision von Klee
schon tödlich ausgebrochen und der Wahn

Ist so verderblich, daß die magern Bäuche
sich blähn und platzen wie gefüllte Schläuche.

WALTER GROSS

Dezembermorgen

Lange war kein solcher Morgen.
Kalt, klar. Baum, Dach und Zaun
erhielten ihren Teil an Schnee.
So still und sauber wars
seit ich mich erinnere
nicht mehr.

Später allerdings schrie
der Morgen, er wird seine
blutigen Flecken bekommen.
Die blasse Scheibe der Sonne
hielt sich noch hinter dem Wald,
da hoben, halb zerrten sie das Schwein
an Beinen und Ohren auf den hergerichteten
Vorplatz zu Hacken und Bottich.

Um neun Uhr sah ich die Schlächter
beim Mahl. Wie sie zugriffen!
Ihre Lust an Speise und Trank,
ihre Fröhlichkeit,
hat mich verstimmt.

GÜNTER EICH

Tage mit Hähern

Der Häher wirft mir
die blaue Feder nicht zu.

In die Morgendämmerung kollern
die Eicheln seiner Schreie.
Ein bitteres Mehl, die Speise
des ganzen Tags.

Hinter dem roten Laub
hackt er mit hartem Schnabel
tagsüber die Nacht
aus Ästen und Baumfrüchten,
ein Tuch, das er über mich zieht.

Sein Flug gleicht dem Herzschlag.
Wo schläft er aber
und wem gleicht sein Schlaf?
Ungesehen liegt in der Finsternis
die Feder vor meinem Schuh.

ALBIN ZOLLINGER

Sonntag

Ganz ferne Musik.
Mundharmonika oder Kirchweih.
Es riecht nach Sonne in Sägespänen.
Hemdärmel der Knechte
Bauschen sich, Bohnenblüten.
In Kammern tropft Harz.
Vom Sommer der Zeitung

Schlummert der Ahn
In bestaubten Kamillen.
Radfahrervereine
Läuten schalmeiend vorüber.
Der Biergarten klappert.

HANS BENDER

November

Toter Baum, totes Haus,
Dorf, den Tod im Blick.
Plakat, Photo, Belohnung:
Mörder gesucht!

Klauen modernder Blätter
krallen in seine Spur.
Vogelscheuche hebt
in die Dämmerung seine Keule.

Im Feuer hinter dem Wald
brät er sein Fleisch.
Kains niedergedrückter Rauch
kriecht über den Acker.

HANS BENDER

Oktoberende

Ins grüne Vogellachen
tropft der Regen seine Trauer.
Dein Sonnenauge
überm Garten
schwärzt der Frost.
Aufs Pflaster stürzten
eure braunen Zärtlichkeiten.
Hände,
rot vom Blut des Sommers,
spült der Bach
durch eisigen Granit.

HERMANN KASACK

Alte Klage

Hinter den Hügeln, wo fette Wälder
Ihr Kronenlaub im Herbst entflammen,
Zögert der Mond über farblosen Feldern.
Fröstelnd kriecht das Gebüsch zusammen.
Eisige Braue des Windes, in allen
Frauengesichtern nachgezogen,
Beerenrot, Beerenschwarz, lange verfallen.
Und die zärtlichen Sätze verflogen.

ROSE AUSLÄNDER

Kreisen

Wieder ein Jahr als Ring
in den Baum gewachsen
der stillsteht und
ahnungslos kreist
mit der Erde

Auch die Geschöpfe
merken nicht daß sie kreisen
und Jahre sie einkreisen
atemstark
wie den Baum

HEINZ PIONTEK

Krähen

Sie streifen mit gierigen Flügeln
Schneezaun und Dämmernis.
In meinen Winterträumen
verschwebt ihr Schattenriß.

Ich denke durch ihre Schreie
den Gram der verödeten Welt,
wenn aus dem Frostgewölbe
mich ihre Not befällt.

Ach, die bestäubte Schwinge,
sie rührt an mein klirrendes Herz!
Atemlos und bekümmert
lausche ich himmelwärts.

Stürzt sich die Vogelwolke
auch in den Hügelspalt,
sucht mich ihr schwarzes Bedrängen
heim in andrer Gestalt.

HEINZ PIONTEK

Die Furt

Schlinggewächs legt sich um Wade und Knie,
dort ist die seichteste Stelle.
Wolken im Wasser, wie nahe sind sie!
Zögernder lispelt die Welle.

Waten und spähen – die Strömung bespült
höher hinauf mir den Schenkel.
Nie hab ich so meinen Herzschlag gefühlt.
Sirrendes Mückengeplänkel.

Kaulquappenrudel zerstieben erschreckt,
Grundgeröll unter den Zehen.
Wie hier die Luft nach Verwesendem schmeckt!
Flutlichter kommen und gehen.

Endlose Furt, durch die Fährnis gelegt –
werd ich das Ufer gewinnen?
Strauchelnd und zaudernd, vom Springfisch erregt,
such ich der Angst zu entrinnen.

RAINER BRAMBACH

Bericht aus dem Garten

Mit den feurigen Offenbarungen
von Rosen
zieht der Mittag in das Haus ein.

Im Eßzimmer wird es still
für die Zeit,
bis das Fleisch verteilt
und die Gläser ausgetrunken sind.

Draußen wirft das Spalier seinen Schatten
auf den ruhenden Gärtner.
Er wird niemals erfahren,
was der Nußbaum verschweigt,
der am Nachmittag fallen muß.

OSKAR LOERKE

Märkische Landschaft

Umdämmerte Kiefern stehn kalt und stark.
Schon wachsen auf Wiesen die Nebel der Mark.
Noch lebt es auf dem Eise,
Der Schlittschuh schneidet Kreise.

Der Wald verschlummert zum Geisterpark,
Bis oben stieg Rauhreif und Nebel der Mark.
Nichts schwebt mehr auf dem Eise,
Es starren die Schlittschuhkreise.

Sehr triefen und grauen die Nebel der Mark.
Weit hinten wächst Kiefernholz zum Sarg ...
Es schleicht auf grauem Eise
Und schneidet Schicksalskreise.

CARL GUESMER

Bilder aus Mecklenburg

I

Im Süden zogen sich seichte Hügel hin,
waldüberspült: ein grünes
Aufbegehren der Ebene.

Die Täler waren von zähen Schatten bewohnt,
die früh zur Nacht ausholten, auch
wenn der Jasmin dem Sommer seine weißen Dienste anbot.

Manchmal rann Müdigkeit über grobes Straßenpflaster;
Hoffnungen standen wie Pfützen vor jeder Tür;
der Regen zählte gelangweilt die Halme im Strohdach.

Manchmal kauerte ein Gewitter am Gartenzaun:
übernächtige Alte, die ins offene Fenster schalt,
als die Amseln die melancholische Frühe im Schnabel hielten.

II

Der Augenblick unter gotischem Torbogen,
ein wenig hinausgezögert vom Gewitterschauer;
der Fliederbusch, der in violette Klagen ausbrach;
als es mit ihm zu Ende ging:
Kleinigkeiten, vom Nachmittag flüchtig erwähnt.

Frührot, vom ersten Ausflug der Tauben benetzt,
zischend vergehen sie am glühenden Horizont;
Ziehbrunnen, die der Zeit widerstanden:
Zauberzeichen, an den niedrigen Himmel
von der Stille geschrieben,

Kaum wahrgenommen in geschäftiger Kindheit.
Kornfelder im August: heiße goldgelbe Stunden,
die der Westwind verkürzte.
Die Sonne – derbe Bäuerin – jagte die Schatten wie Landstreicher
    fort.

Manchmal ruft mir ein Vogel die verlorene Ebene nach ...

WOLFGANG BÄCHLER

Der Kirschbaum

Durchs Schilfrohr ruft es
der Schwan, der Prophet.
Die Lerchen singen es weiter:
Gott sitzt im Kirschbaum

und entkernt die Kirschen.
Die Stare werfen Schattenfalten
in sein weißes Lichtgesicht.

Der Kirschbaum wandert übers Wasser.
Fische springen durch sein Haar,
Krebse schlüpfen durch die Wurzeln
und der Wind fährt in die Krone.

Gott sitzt rudernd
auf den Ästen,
ißt die Kirschen,
spielt mit Kernen,
läßt sich treiben,
hat die Welt vergessen.

REINER KUNZE

Fischritt am Neujahrsmorgen

Stadt, schlüpfrige, halt
still

Ah, jetzt erkenn ich's, du
bist ein fisch

He, ich balanciere auf dem rücken eines
fisches

Dächer, sagt ihr, nüchtern gebliebene, das
sind silberne schuppen

Jaja, ein märchenfisch, das schloß
trägt er wie eine krone

Ein verzauberter prinz, ein
Reuß, ein
debiler

Schon gut, wir werden schlafen
und zu mittag

wird er wieder eine
stadt sein

Der Ort

Wo ich über Zäune kletterte,
Die Taschen voller Kirschen,
Wo ich Schätze suchte,
Kühle Kiesel mit den Adern der Erde,
Mehlfesseln fürs Blasrohr aus Holunder,
Schneckenhäuser, grüne Scherben, blaue,
Wo ich den jungen Vogel begrub hinterm Regenfaß,
Drei Sprünge über sein Grab, damit er mich höre,
Wo ich Winnetou war,
Wo ich Sherlock Holmes war,
Wo ich am Bach saß und auf den Wassermann wartete,
Wo ich die Stichlinge im Bach für Hechte hielt,
Eine Sonnenfinsternis für den Weltuntergang,
Den nächsten Morgen für ein Wunder,
Wo ich die erste Zigarette rauchte mit zwölf
Im Fahrradschuppen vor der Schule
An einem todlangweiligen Nachmittag,
Ich machte zwei kurze Züge und hatte genug,
Wo das Hochwasser stieg und stieg,
Und der Hund an der Kette an seiner Hütte
Tat mir so leid, aber jemand schnappte mich
Grade noch am Hosenboden,
Wo ich einen Mann kannte, der Blut spuckte,
Wo die Hühner Hubschrauber waren,
Nachts lag der Startknüppel unter dem Bett,
Wo die Wiesen dottergelb waren im Mai,
Wo es schön war,
Wo ich klein war und dann auf einmal groß,
Wo jetzt eine alte Frau wohnt,
Die schlechte Augen hat und gut sieht,
Wenn die Kinder ihren Kirschbaum plündern,
Und sie verscheucht sie wie Amseln
Und ruft sie alle mit meinem Namen.

KARL MICKEL

Petzower Sommer

Latten, zu Zunder gedörrt, Zaun unter zögernden Schritten:
Lautlos zerfällt er, es knirscht zwischen Sohle und Holz.
Hier war die Kette, jetzt Rost, Glühender Sand!
    und es legt der
Wind das Emailleschild frei: Vorsicht! Bissiger Hund.
Astwerk im Winde gespannt, früchteschleudernde Bögen.
Unter geborstenem Baum greift im Liegen der Mund
Kirschen, von Kirschfleisch gefleckt flattert
    die Bluse der Freundin
Über uns, Hohlform der Luft, Fahne, Trophäe des Siegs.
Stimmen von weit her geweht. Schlurfende Schritte, ein Bauer
Knurrt zwischen Pfeife und Zahn: Stehlt soviel ihr
    nur könnt.

SARAH KIRSCH

Im Sommer   6, 1935

Dünnbesiedelt das Land.
Trotz riesigen Feldern und Maschinen
Liegen die Dörfer schläfrig   sleepy
In Buchsbaumgärten; die Katzen
Trifft selten ein Steinwurf.

Im August fallen Sterne.
Im September bläst man die Jagd an.
Noch fliegt die Graugans, spaziert der Storch
Durch unvergiftete Wiesen. Ach, die Wolken
Wie Berge fliegen sie über die Wälder.

Wenn man hier keine Zeitung hält
Ist die Welt in Ordnung.
In Pflaumenmuskesseln   Jam pans
Spiegelt sich schön das eigne Gesicht und
Feuerrot leuchten die Felder.

SARAH KIRSCH

Allein

Die alten Frauen vor roten Häusern
Roten Hortensien verkrüppelten Bäumen
Brachten mir Tee. Würdevoll
Trugen sie die Tabletts zurück, bezogen
Horch- und Beobachtungsposten
Hinter Schnickschnackschnörkel-Gardinen.

KARL MICKEL

Der Wald

Dunkelgrün, feuchte und preußisch gerade
In den zähgleitenden Abhang gekrallt
Strebt zwischen Wolken und Schornsteinparade
Millimeterweis wachsend hoch oben der Wald.

Ofte, meist an wolkigen Tagen
Bilder des Hangs in die Hirne gebrannt:
Feuerfarbener Mohn aus Wäldern, geschlagnen
Im Regen Baumwerk als eine gierige Hand

Wie unbezogene Betten Lippen, verdrossne
Bemerkungen, wie aus dem Flugzeug gepißt
Dornenhecken, Wegrandglossen
Kommender Zeiten, ich weiß, was ist.

ROLF HAUFS

Deutscher Wald

Achtung
Keine roten Käppchen aufsetzen
Rascheln im Unterholz streng verboten
Fuchshöhlen meiden
Kein Spielplatz keine
Gelegenheit
Drachen steigen zu lassen

Singen nur bei Gefahr
Mißbrauch
Wird streng geahndet
RUHE
Zigarette brennend
In die umliegenden Felder werfen
Ab Oktober Fallen
Ab November Fütterung
Von Hänsel und Gretel
Keine Gefühle
Herr Joseph von Eichendorff
Hatte erst gestern
Ein entsprechendes Erlebnis.

BERND JENTZSCH

Das Colditzer Wäldchen

Schatte und Schatten, die uns jagten,
Das Wäldchen ging gegen sie an
Mit Scharen von Bäumen, im Unterholz sahn wir
Verbündete Kräfte, die blicklose Deckung,
Das half uns nicht weiter, wir flohen
Im Fadenkreuz vorwärts, die schnatternden Läufe
Im Rücken, wir sackten vornüber, auf uns
Stethoskope: die Stiefel

BERND JENTZSCH

Dieser eine Herbst

Der Lärm des Verblühens, dazwischen der Wald,
Dein Leib bedeckt von den waagrechten Moosen,
Sie stellten dich vor ihren Mündungen auf,
Du fielst mit dem Laub in die Tiefe,
Die Bäume Lautsprecher, dröhnend.

traurige Gegend

in welch traurige Gegend bin ich geraten
die Birken treiben nicht vor Mai
und wer zu Himmelfahrt sein Gesicht
in Flieder steckt kann von Glück reden
im Steinholz die unsterblichen Wunden
aus Unterstand und Schützenloch
nie richtig verheilt aus ihren Narben
schießt saures fleischiges Gras
ich trete dem Grabfeld ins enge Herz
und bin mutlos über so traurige Gegend
ich trinke dem Grabfeld das Wasser weg
bis seine Quellen mich mit Sodbrand vergiften
ich scharre im Laub und hülle mich ein
und halte Winterschlaf mitten im Sommer

HELGA M. NOVAK

kleines Grenzlied

wohin ist jene Stille
die mich anfangs bewog
ruhmlose Langeweile
als ich in solchen Landstrich zog

endlos staubige Grenze
die im Regenschatten liegt
zerfahren von Raupenpanzern
wie in einem längst vergeßnen Krieg

Hubschrauber wie Hornissen
über dem ausgetrockneten Land
stecken mit Leuchtschüssen
die knisternden Wälder in Brand

wozu die lauten Manöver
vor wem werden wir bewacht
die letzte Kanone zieht vorüber
bei Einbruch der Nacht

ein Rudel fette Hunde
streicht von Hof zu Hof
Mitternachtstunde
der pelzige Salbei leuchtet auf

GOTTFRIED BENN

Astern

Astern – schwälende Tage,
alte Beschwörung, Bann,
Die Götter halten die Waage
eine zögernde Stunde an.

Noch einmal die goldenen Herden
der Himmel, das Licht, der Flor,
was brütet das alte Werden
unter den sterbenden Flügeln vor?

Noch einmal das Ersehnte,
den Rausch, der Rosen Du –
der Sommer stand und lehnte
und sah den Schwalben zu,

noch einmal ein Vermuten,
wo längst Gewißheit wacht:
die Schwalben streifen die Fluten
und trinken Fahrt und Nacht.

STEFAN GEORGE

Komm in den totgesagten park und schau:
Der schimmer ferner lächelnder gestade.
Der reinen wolken unverhofftes blau
Erhellt die weiher und die bunten pfade.

Dort nimm das tiefe gelb. das weiche grau
Von birken und von buchs. der wind ist lau.
Die späten rosen welkten noch nicht ganz.
Erlese küsse sie und flicht den kranz.

Vergiss auch diese letzten astern nicht.   *die Ranke;*
Den purpur um die ranken wilder reben   *Clambers über Reben;*
Und auch was übrig blieb vom grünen leben
Verwinde leicht im herbstlichen gesicht.
Obertöne und,

STEFAN GEORGE

Eingang

Welt der gestalten lang lebewohl! ...
Öffne dich wald voll schlohweisser stämme!
Oben im blau nur tragen die kämme
Laubwerk und früchte: gold karneol.

Mitten beginnt beim marmornen male
Langsame quelle blumige spiele·
Rinnt aus der wölbung sachte als fiele
Korn um korn auf silberne schale.

Schauernde kühle schliesst einen ring·
Dämmer der frühe wölkt in den kronen·
Ahnendes schweigen bannt die hier wohnen ...
Traumfittich rausche! Traumharfe kling!

KARL WOLFSKEHL

Herbst

Die nebel eilen
Auf breiten strassen
Zum singen des wassers
Die nebel eilen.

Blaudunstig und leise
Entfliehen die tage
Mit weichem geflüster
Blaudunstig und leise.

Am ufer verschwiegen
Schlummern die barken
Der fahrten müde
Am ufer verschwiegen.

Der dich dürfte lenken
Du boot meiner träume –
Du harrest des starken
Der dich dürfte lenken!

O wär ich der ferge
Zum eden zum ciland
In heilige lenze
O wär ich der ferge!

HUGO BALL

Wolken

elomen elomen lefitalominal
wolminuscaio
baumbala bunga
acycam glastula feirofim flinsi

elominuscula pluplubasch
rallalalaio

endremin saxassa flumen flobollala
feilobasch falljada follidi
flumbasch

cerobadadrada
gragluda gligloda glodasch
gluglamen gloglada gleroda glandridi

elomen elomen lefitalominai
wolminuscaio
baumbala bunga
acycam glastala feirofim blisti
elominuscula pluplusch
rallabataio

THEODOR DÄUBLER

Landschaft

Rote Mühlen stehen an verschneitem Ufer:
Grüne Wellen tragen Eis statt gelben Schaum.
Schwarze Vögel, Unglückskinder, Unheilrufer,
Hocken hoch und schwer in einem hohlen Baum.

O wie viele Tiere im Gezweige nisten:
Meine bösen Stunden aber sind noch mehr.
Sorgenvögel müssen dort ihr Leben fristen:
Spähen durch die Silberäste hin und her.

Und ich weiß es nicht, ist so etwas ein Traum?
Denn ich baue ihn empor, den kahlen Baum!
Doch die fremden Vögel kamen ungerufen:
Ich kenne keine Fernen, die sie schufen.
Plötzlich drehen sich die Räder meiner Mühlen:
Bloß für einen Augenblick erbraust der Sturm.
Jetzt muß ich die Vögel in mir selber fühlen:
Weiter schleicht der eisgefleckte Wasserwurm.

GEORG TRAKL

Die schöne Stadt

Alte Plätze sonnig schweigen.
Tief in Blau und Gold versponnen
Traumhaft hasten sanfte Nonnen
Unter schwüler Buchen Schweigen.

Aus den braun erhellten Kirchen
Schaun des Todes reine Bilder,
Großer Fürsten schöne Schilder.
Kronen schimmern in den Kirchen.

Rösser tauchen aus dem Brunnen.
Blütenkrallen drohn aus Bäumen.
Knaben spielen wirr von Träumen
Abends leise dort am Brunnen.

Mädchen stehen an den Toren,
Schauen scheu ins farbige Leben.
Ihre feuchten Lippen beben
Und sie warten an den Toren.

Zitternd flattern Glockenklänge,
Marschtakt hallt und Wacherufen.
Fremde lauschen auf den Stufen.
Hoch im Blau sind Orgelklänge.

Helle Instrumente singen.
Durch der Gärten Blätterrahmen
Schwirrt das Lachen schöner Damen.
Leise junge Mütter singen.

Heimlich haucht an blumigen Fenstern
Duft von Weihrauch, Teer und Flieder.
Silbern flimmen müde Lider
Durch die Blumen an den Fenstern.

Georg Trakl

Im Winter

Der Acker leuchtet weiß und kalt.
Der Himmel ist einsam und ungeheuer.
Dohlen kreisen über dem Weiher
Und Jäger steigen nieder vom Wald.

Ein Schweigen in schwarzen Wipfeln wohnt.
Ein Feuerschein huscht aus den Hütten.
Bisweilen schellt sehr fern ein Schlitten
Und langsam steigt der graue Mond.

Ein Wild verblutet sanft am Rain
Und Raben plätschern in blutigen Gossen.
Das Rohr bebt gelb und aufgeschossen.
Frost, Rauch, ein Schritt im leeren Hain.

YVAN GOLL

Ode an den Herbst
Zweite Fassung

Warum zerreißen die Ulmen
Schon ihr Gewand
Und schlagen um sich mit den Armen
In irrer Besorgnis?
Des Sommers goldene Ruhe
Hat sie verlassen.
Verloren sind die Schlüssel
Die Schlüsselblumen des Glücks
Im grauen Grase,
Und schon vergessen
Verklingen im Abgrund
Die Schwüre der Liebe.

Der große König
Der seltsam Wissende
Herrscher des Waldes
Er gibt den Kampf auf
Gegen die Wolken,
Er läßt sein rostiges
Szepter fallen,
Der Apfel der Weisheit
Und alle Kronjuwelen
Verfaulen.

Im brüchig rasselnden
Geißblattgeranke
Klopfet die Angst des Iltis
Und über dem Teiche
Zerbricht die Libelle
Wie tönendes Glas.

Nur die Zentauren
Im roten Barte
Sie rennen erfreut
Mit funkelnden Hufen
Die Hügel ab,
Und ihre Spuren
Verglimmen im Moose.

Es lösen die Blätter
Sich ab von den Stämmen
Wie wehe, wie wehende Hände:
Sie schichten unten
Ein kupfernes Grab
Den sterbenden Vögeln.

In den Ruinen
Der Vogelburg wohnt noch
Die nächtliche Eule
Mit großen Augen
Das Schicksal beleuchtend.

MAX HÖLZER

Der Kanal. Als reichte er
bis an das Bett herauf.
Schiffe.
Das Herz der Erde schlägt in ihnen.
Verkleidungen.
Hände geschlossen um nichts
schleifen am Grund.

Prozession der Abtrünnigen.
Glänzend vom Nachtigallenschlag.
Maste. Sonden im Lethe.
Ein Blick
der das Abenteuer aufrollt –
Nacht ohne Trophäen.
Abgesunken der Horizont.
Schlackenfiguren: Tanz. Paarung.
Wer glaubt dieser Nacht
die Nacht.
Sterne wandernd
auf Masten, Rahen.

Paul Celan

Entwurf einer Landschaft

Rundgräber, unten. Im
Viertakt der Jahresschritt auf
den Steilstufen rings.

Laven, Basalte, weltherz-
durchglühtes Gestein.
Quelltuff,
wo uns das Licht wuchs, vor
dem Atem.

Ölgrün, meerdurchstäubt die
unbetretbare Stunde. Gegen
die Mitte zu, grau,
ein Steinsattel, drauf,
gebeult und verkohlt,
die Tierstirn mit
der strahligen Blesse.

Friedrich Hagen

Silbermünzen schüttet der Bach in die Winde
dort wo die Täler enden ist Irgendwo

wieviele Tote beschäftigt deine Sternmühle
ist ihr Nachtwerk getan so schlafen sie unter dem Anger
schmeckt doch das Gras nach ihrem Schweigen
und die Milch nach ihrem Blut

die Regenbogen flüchten manchmal hierher aus den Städten
wo man den Frieden zur Schau stellt auf Lanzen gespießt

Wilhelm Lehmann

An meinen jüngeren Sohn

Dünnen Fußes klettert Spinne
Über flechtengrauen Stein.

Fühlt der Harte sie? Ein Schauder
Krampft sich meinem Herzen ein.

Nicht zu töten, trifft die Schläfe
Buchenecker, sanfter Pfeil.
Laß die splitternde Granate
So dein liebes Antlitz heil!

Eingezeichnet in den blauen,
Reingewaschnen Himmelsschild,
Hieroglyphisch vor dem Auge
Vogelschwarm, der ebbt und schwillt:

Wenn er sinkt, so mußt du fallen?
Fleh ich, wie zu Telemach
Neige sich Athene tröstlich,
Leichtere dein letztes Ach?

Sieh, er steigt. Die Vogelstreu,
Zwitschernd fliegt sie in die Höhe.
So blieb dir Athene treu?
Laß mich deuten, du kommst wieder!

WILHELM LEHMANN

Fallende Welt

Das Schweigen wurde
Sich selbst zu schwer:
Als Kuckuck fliegt
Seine Stimme umher.

Mit bronzenen Füßen
Landet er an,
Geflecktes Kleid
Hat er angetan.

Die lose Welt,
Wird sie bald fallen?
Da hört sie den Kuckuck
Im Grunde schallen.

Mit schnellen Rufen
Ruft er sie fest.
Nun dauert sie
Den Zeitenrest.

WILHELM LEHMANN

Oberon

Durch den warmen Lehm geschnitten
Zieht der Weg. Inmitten
Wachsen Lolch und Bibernell.
Oberon ist ihn geritten,
Heuschreckschnell.

Oberon ist längst die Sagenzeit hinabgeglitten.
Nur ein Klirren
Wie von goldenen Reitgeschirren
Bleibt,
Wenn der Wind die Haferkörner reibt.

FRIEDERIKE ROTH

Schwäbisch Gmünd

Am Ort, wo der Trauring der Herrin
(auf der Jagd verloren)
sich wieder fand, wurde die Kirche gebaut.
Geschaffen eine gefeite Welt.

Dort blühen
mit Lust gezieret die Bäume des Friedens.
Im Blendwerk winden sich Frühlingskräuter.
Hirsch und Steinbock verharren.
Seelenvögel bieten dar
Weinlaubblätter im Schnabel.
Der Pelikan hält seine Augen geschlossen.
Ein Löwe beleckt sein Junges.

Ein Welten Herr
der König mit Krone und Bart
schlägt die Beine bereits übereinander.

Draußen aber windet sich's drachengeschwänzt.
Unholde mit der Macht
über Menschen drängen sich dort.
Nur dem, der gläubig aufschaut
schadet nicht der Biß der giftigen Schlange.
Zwei junge Dachse verleiben sich ein dem Raubkatzenkopf.

Der Büßer mit kahlgeschorenem Schädel,
Schmerzensmann mit verschlossenem Mund
ist nach seinen Taten gerichtet.
Sechs Tage und sieben Nächte weint keiner um ihn
hört keiner des armen Mannes sehnlich Klag.

Über der liebesfeurigen Magd
geschlagen mit der Blindheit der Lust
(bin alle Tag ein neue Braut
doch leider mich nie keiner traut)
flattert der Sturmvogel auf.
Sie schreit wie eine Frau in Wehen.

Die schreit als ob der Bock sie stieße.
Im Innern legt Johannes die Hand an sein Ohr.
Unvergraust edel und still
unterm krabbenbesetzten Baldachin
sitzt die Herrin mit den spitzen Schuhen.

Wende dich hin, wende dich her.

Draußen stehen die Hunde.

ROSE AUSLÄNDER

Tübingen

In der beschützten Stadt
giebelrotes Gassengebirge
jahrhundertedicht

Wahn
vom Neckar
getauft

Hügelgefährten
Hölderlin-treu

Unter schmächtigem Stein
der Staub
atmet

ELISABETH LANGGÄSSER

Regnerischer Sommer

I

Der Mohn fällt ab. Ein Tropfen rinnt
bis in die Krausblattgrube...
Der Echse, wo Verdandi spinnt,
verwölkte Murmelkrone sinnt
hinab zur Wurzelstube:
Regen wird rieseln,
Runenholz brausen,
Zeisigvolk zwieseln,
Drudenspruch hausen –
hier, wo vom Wasser die Rose umrädelt,
dort, wo das Gleiche den Unkrauthalm fädelt,
und seine Nadel läßt sausen.

Sie zuckt und eilt und übernäht
mit Knaulgras, Giersch und Günsel
den Erbsenacker früh und spät.
Wo im Gewirr die Scheuche steht,
am Zaun die Blumeninsel.

Roggen und Raden
fester zu knüpfen,
spult sich der Faden,
Schiffchen sie hüpfen.
Fernher vom Hades haucht Hermes, der Bote:
»Made, mein Mühmchen im körnigen Kote,
mögest du fetter entschlüpfen!«

Vom Brustbaum tritt zum Kettenbaum
das Wetter im Gestühle

und webt den Teppich ohne Saum,
schießt Beifuß ein und bösen Traum
in ungelöschte Schwüle.
Sumpfmäuler schmatzen,
geisterhaft schnellen
Samen und platzen,
Kürbisse schwellen.
Nächtelang faulen die Gimpel im Garne...
Aber das Licht auch, wie Sporen am Farne,
reift, um den Pfad zu erhellen.

II

Hab ich nicht, Hermes, aus sporigen Farnen
mir Flügelschuhe gebunden?
Entsiegelnden Samen, der Kraft hat, zu warnen
vor lauerndem Irrpfad und listigen Garnen,
trat meine Sohle nach unten.

Nicht nur die Made, auch Klingsor, der Kluge,
gehört zu meiner Verwandtschaft.
Wir kennen am Reisehut uns, am Betruge,
am Fingerkraut und an dem Fledermausfluge
unserer uralten Landschaft.

Steigt meine Lethe, so steigt auch im Norden
der Unstruth strömender Schleier.
Eurydike, Flußgöttin beider geworden,
weiß, ewig verhaftet den kräutichten Borden,
stimmlos die rettende Leier.

III

Wenn das Mohnblatt niederfällt
und die Kapsel schwarz enthält
schwere, bodenlose
Träume, die Verdandi träumt,
wenn das Webstück sie umsäumt –
schlafe, meine Rose!

Schlafe in der Norne Sinn,
die dich kennt von Anbeginn,
aller Makel bloße.
Die dem Beifuß mächtig wehrt
ohne Sichel, ohne Schwert:
Schlafe, meine Rose!

Schlafe, wenn der Regen rauscht
und die Schöpfung seufzend lauscht
ihrem Todeslose.
Äolsharfen streift der Wind,
einst wird Orpheus dir zum Kind –
schlafe, meine Rose!

Elisabeth Langgässer

Winterwende

Welches Kommen! Welches Gehen!
Hundepfiff und leiser Schrei.
Geisterhafte Lüfte wehen,
überm Dornwall schwarzer Schlehen
jagt Orion hoch vorbei.

Durch die sturmgepeitschten Lücken
dünnen Schneefalls tastet blind
nach dem Vater auf dem Rücken,
nach dem Sohn im Niederbücken,
sich Äneas gen den Wind.

Huschend kehrt ein flinker Schatte
mit der Schleppe seine Spur:
Helena im Leib der Ratte
sucht von neuem Heim und Gatte,
Liebe bettelt der Lemur.

Trojas Trümmer wandern weiter,
aufgebaut im Wolkenmeer,
aber des Gesanges Leiter
an die Zinnen, spukhaft heiter,
legt uns Armen kein Homer.

Altes kommt – und ist im Gehen:
Troja, Sternbild, Pfiff und Schrei.

Geisterhafte Lüfte wehen,
überm Dornwall schwarzer Schlehen
flammt ein Kreuz im Hirschgeweih.

Erich Arendt

Winter des Apennin
für Werner Warsinsky

Du menschenleerer Tag
aus Wind und Felsen:
Über Kuppen und Brachen
dieses Vergängnis! Fahle
Hülle des Himmels. Und nachts
der zehrende Schweiß.
Eistödliche Perle. Die trat
auf der Dörfer Stirn.

Nicht Spinnenweb. Nicht Flügelschlaf.
Im Glockengestühl
die leblose Schlinge.
Und keine Verheißung! Starr
das Gewand Marias. Zersprungen
das Glas ihres Herzens.
Und vor der Kanzel
seit der Geburt
des Sohns,
o, schreckliches Dunkel.

Hungersteine der Welt,
umstrichen von Dämmer.
Hohler immer und hohler
das Sonnenloch, schwarzes
Auge, stand
über dem Krüppelwuchs der Hütten,
bis, ihre Düsternis zu besänftigen,
einsamer Schnee fiel,
ein sinkendes Meer,
und es deckte
den Grund.

Frost aber
und alter Zorn
nackte Sensen
schliffen.   1957

WALTER HÖLLERER

Berlin-München 1963

Über das mißlich verwaltete Thüringen weiß
Schwarz gehäckselt in Wald und Schnee
Und über Kloster Fulda Kuppel Dom
Frankfurt Henningerbräu die Bahnhofsflucht
Über dem Spessart, vereinzelt Hasen,

Über das winterlange Franken Eichstädt und Ingolstadt
Tillys Roß gestopft Versteinerung
Über plane Felder Nebel die Türme ein
Neuchinesischer Pavillon im Park
Halb in seinem Schatten und angesichts
Großer Entfernung in Flocken Kenntlichkeit:

Du nun hängst durch Spinnwebfäden an Landesform,
Dünne, gespannte – ohnedies
Wenig zuhaus in Schienen, Wintersport.
Trau dem Getrappel nicht, dem allgemein
Reden im Zug der Reden im Zungensog!
Keine Stimme rühr. Keinen Finger zeig.
Keine Zunge kein Mund zu früh zu unbeschwert. –

NICOLAS BORN

Im D-Zug München-Hannover

Köpfe rollen in Bahnhöfen
trüber September 77
Weinberge stürzen in die Farben
die Pakete auf den Karren enthalten Zeitzünder.
Kleine Schiffe auf dem Main.
Friedlich ist das Licht
friedlich ist der Raucher auf dem Gang
auf dem Rasen neue Gesichter am Ball.

Auf dem Wendelstein

Herrlich wird die Geographie,
wenn du vom Atlanten den Blick hebst
und vom umwetterten Wendelstein
ausgebreitet siehst
die Tanzplätze der Sonne, die Seen
in der springenden Lust des Lichts,
der liebesverwirrenden: den Chiemsee,
die Ahnung dort von der Morgenseide der Starnberger Fläche,
über der die ferne Zugspitze traumhaft wacht,
die Majestät des Ammersees und in den Wettern der Farben
Lovis Corinths den Walchensee und den deine Brust
ordnenden Tegernsee – alles in liebender Ahnung.
Dort in der Ferne ahnst du
über dem ewig brodelnden Dunst des Lebens
die Frauentürme Münchens: ragend,
zu zeugen im heiter offenen Himmel.
Tön mir im Ohr, Kirchlein im Wilden Kaiser,
wenn du zur ewigen Ruhe läutest, die sterbenden Blickes
im Sturze büßten den Aufstieg in die Räume der Felsen und
    Winde!
Schwingt, Glocken, von den Kapellen und Kirchen all,
daß ich von solchem Rauschen gestützt,
wie die fahrenden Sterne von der eigenen Schwingung,
nun begreife,
daß das Dach der Frauenkirche stürzte, die Säulen barsten,
die Orgel sank und die zerbogenen Pfeifen schrillten,
nicht von den Wettern der Alpen, sondern vom Kriege der
    Herren,
dem vermeidlichen – und wenn jetzt in weißer Keuschheit
wieder die Säulen steigen,
so ist der Umriß des Totenkopfes
noch immer nicht aus deiner Geographie getilgt, Deutschland.

Jürgen Theobaldy

Oktober

Jetzt sind die Rufe
von den Terrassen gewichen,
das Glück, die braune Haut,
der Qualm gebratener Fische,
die Buden sind am Ende.

Und die Schlösser hängen
und Ketten um die Gitterstäbe.
Stilles Mittagslicht
zwischen den Badehütten,
der Streifenwagen kurvt die Straße
vor den geschlossenen Hotels entlang.
Wo die Strandfeste angekündigt waren,
kleben jetzt die Steckbriefe.

Aus den Zeitungsfetzen,
die am Rand der Piazza liegen,
leuchten die Feuer von Bomben,
liegen die Toten verquer, Blut
aus dem Mund, Herbst, die Arbeitslosen
stehen an die Hauswand gelehnt, Studenten,
die Pistolen unter den Jacken.

Wolf Wondratschek

Träumerei in Ornos

Ich schaue aufs Meer,
alles klingt so unendlich wie auf einer Schallplatte,
ein Schiff fährt vorbei,
ich lasse New York zusammenstürzen in dieser
biblischen Mittagshitze,
die Sklaven bestrafen ihre Herren,
die Matrosen losen um ihr Leben –
in den Schiffsbäuchen gesunkener Segler
wird das Gold neu verteilt,
in jedem Hafen sitzt einer
und erklärt die Welt.

Das Land jenseits der letzten Welle,
wo Sonnenuntergänge tabu sind
und die Giftschlangen töten
wie im Paradies.
Gott war ein Mann, der wahnsinnig wurde.
Onassis profitierte davon und ein paar andere.
Aber die Erde blieb ausgedörrt
und auf ihr lagen die Steine, als sei mit ihnen
die Mathematik entwickelt worden.
Ein paar Maultiere, Ziegen und Schafe
und gegen Abend ein Mensch.
Du kannst töten, sagt man,
nach drei Tagen Wind.

Ich schaue aufs Meer,
Sonne, Schatten und Traum,
in jedem Kopf quält sich ein andrer Mensch;
vielleicht gibt es Geheimnisse,
die älter sind als die Risse
im Fels.

JOHANNES BOBROWSKI

Ostern

Dort noch Hügel,
die Finsternis, aber
die Steige sind recht, aus der Ferne
die Ebenen nahn, mit dem Wind
herüber ihr Schrei.

Über den Wald. Der Fluß
kommt, die Birkenschläge
gehn an die Mauer, Türme,
Gestirn um die Kuppeln, das goldne
Dach hebt an Ketten ein Kreuz.

Da
in die finstere Stille
Licht, Gesang, wie unter
der Erde einst, Glocken, Schläge,
der Stimmen Hähnegeschrei

und Umarmung der Lüfte,
schallender Lüfte, auf weißer
Mauer Türme, die hohen
Türme des Lichts, ich hab
deine Augen, ich hab deine Wange,
ich hab deinen Mund, es ist
erstanden der Herr, so ruft,
Augen, ruft, Wange, ruf, Mund,
ruf Hosianna.

JOHANNES BOBROWSKI

Der Ilmensee 1941

Wildnis. Gegen den Wind.
Erstarrt. In den Sand
eingesunken der Fluß.
Verkohltes Gezweig:
das Dorf vor der Lichtung. Damals
sahn wir den See –

– Tage den See. Aus Licht.
In der Wegspur, im Gras
draußen der Turm,
weiß, fort wie der Tote von seinem
Stein. Das geborstene Dach
im Krähengeschrei.
– Nächte den See. Der Wald.
In die Moore hinab
fällt er. Den alten Wolf,
fett von der Brandstatt,
schreckte ein Schattengesicht.
– Jahre den See. Die erzene
Flut. Der Gewässer steigende
Finsternis. Aus den Himmeln
einmal
schlägt sie den Vogelsturm.

Sahst du das Segel? Feuer
stand in der Weite. Der Wolf
trat auf die Lichtung.
Hört nach des Winters Schellen,
heult nach der ungeheuren
Wolke aus Schnee.

JOHANNES BOBROWSKI

Nachtfischer

Im schönen Laub
die Stille
unverschmerzt.
Licht
mit den Händen
über einer Mauer.
Der Sand tritt aus den Wurzeln.
Sand, geh rot
im Wasser fort,
geh auf der Spur der Stimmen,
im Finstern geh,
leg aus den Fang am Morgen.
Die Stimmen singen silberblaß,
bring fort,
in Sicherheit,
ins schöne Laub die Ohren,
die Stimmen singen:
tot ist tot

PETER HUCHEL

Wintersee

Ihr Fische, wo seid Ihr
mit schimmernden Flossen?
Wer hat den Nebel,
das Eis beschossen?

Ein Regen aus Pfeilen,
ins Eis gesplittert,
so steht das Schilf
und klirrt und zittert.

Schlucht bei Baltschik

Am Abend hängt der Mond
Hoch in die Pappel
Das silberne Zaumzeug der Zigeuner.
Er gräbt es aus,
Wo unter Steinen
Pferdeschädel
Und Trensen schimmern.

Eine Greisin,
Die Stirn tätowiert,
Geht durch die Schlucht,
Am hanfenen Halfter
Ein Fohlen.
Sie blickt hinauf
Ins alte Zigeunersilber
Der Pappel.

Nachts hebt sie aus dem Feuer
Ein glimmendes Scheit.
Sie wirbelt es über den Kopf,
Sie schreit und schleudert
Ins Dunkel der Toten
Den rauchenden Brand.

Die Pappel steht fahl.
Die Schildkröte trägt
Mit sichelndem Gang
Den Tau in den Mais.

ERNST BLASS

Sonnenuntergang

Noch träum ich von den Ländern, wo die roten
Palastfassaden wie Gesichter stieren.
Der Mond hängt strotzend.
Weiß er von den Toten?
Ich gehe an dem weichen Strand spazieren.

Schräg durch Bekannte. (Schrieen nicht einst Löwen?)
Vom Kaffeegarten kommt Musike her.
Die große Sonne fährt mit seidnen Möwen
Über das Meer.

Max Herrmann-Neisse

Im Vollmondglanze

Die Strandkabinen sind im Vollmondglanze
wie Marmorbilder auf dem weißen Sand,
und über sie wirft seine Flammenlanze
des Leuchtturms schmale, geisterbleiche Hand.

Man hört die Wellen seinen Fels berennen,
der unberührt den Stürmen widersteht.
In fernen Schiffen fremde Lichter brennen,
der tote Lotse auf den Wogen geht.

Weit draußen wetterleuchten Wolkenkämpfe,
es grollt des Schlachtenrufers dunkler Baß.
Aus Dünenkesseln steigen schwüle Dämpfe,
vom Tau der Nacht sind Pfahl und Fahne naß.

Nur ein paar flüchtige Sterne, schon im Schwinden,
haben die Welt mit einem Blick bedacht;
dann ist sie mit den Wassern und den Winden
allein und mit dem nackten Glanz der Nacht.

Oskar Loerke

Landschaft im Strom

Tief wittern die Nasen der Wolkenhunde,
Ihre Schatten beben grau:
Was schwindet im breiten Wassermunde?
Verwischt und ungenau,
Dach, Scharten, Brückenbogenrunde,
Verschwommen rot und grau.
Im schweren Strom schlägt eine Stunde,
Verwischt und ungenau.

Und Feuer, Wasser stehn im Bunde
Feindfreundlich, rot und grau.
Versiegelt mit dem Sonnenrunde,
West Kind und Mann und Frau
Und Maus und Haus im Stromesgrunde.
Nun lagern sich fern im Blau,
Nun strecken sich die Wolkenhunde.

KARL KROLOW

Landschaft aus der Luft

Eine Landschaft, aus der Luft gesehn,
die fröhliche Vogelschau
an einem Morgen
mit der Tonleiter der Liebe
ohne Risikofaktor.
Ich dachte: ein einfaches Bild
wirkt so, gezeichnet
von einer Hand, die Bescheid weiß
und keine Angst hat
vor Süden und Norden
wie ältere Menschen.
Schönwetterlage, heißt es bei ihnen.
Ein Kind ruft:
encore, encore.

KARL KROLOW

Wenn es grün wird

Jeder kann in den Wald hineinrufen
oder alte Liebesbriefe verregnen lassen
im günstigen Augenblick,
Autos der zweiten Garnitur
irgendwo abstellen für immer
und den falschen Namen nennen
wie ein verlassenes Kind.
Gern möchte man das alles
dem Frühjahr zuschreiben.
Aber es kommt zu schnell.

Die Revolution hat begonnen.
Das Laub atmet zu hastig.
Niemand erhebt Einspruch
bei der Entwicklung des Unbewußten.
Über Nacht sind Hausnummern verschwunden.
Man hat es schwer, jemanden zu finden,
der sich auskennt im Grünen.

GÜNTER EICH

Botschaften des Regens

Nachrichten, die für mich bestimmt sind,
weitergetrommelt von Regen zu Regen,
von Schiefer- zu Ziegeldach,
eingeschleppt wie eine Krankheit,
Schmuggelgut, dem überbracht,
der es nicht haben will –

Jenseits der Wand schallt das Fensterblech,
rasselnde Buchstaben, die sich zusammenfügen,
und der Regen redet
in der Sprache, von welcher ich glaubte,
niemand kenne sie außer mir –

Bestürzt vernehme ich
die Botschaften der Verzweiflung,
die Botschaften der Armut
und die Botschaften des Vorwurfs.
Es kränkt mich, daß sie an mich gerichtet sind,
denn ich fühle mich ohne Schuld.

Ich spreche es laut aus,
daß ich den Regen nicht fürchte und seine Anklagen
und den nicht, der sie mir zuschickte,
daß ich zu guter Stunde
hinausgehen und ihm antworten will.

Die Faulen werden geschlachtet
die Welt wird fleißig

Die Häßlichen werden geschlachtet
die Welt wird schön

Die Narren werden geschlachtet
die Welt wird weise

Die Kranken werden geschlachtet
die Welt wird gesund

Die Traurigen werden geschlachtet
die Welt wird lustig

Die Alten werden geschlachtet
die Welt wird jung

Die Feinde werden geschlachtet
die Welt wird freundlich

Die Bösen werden geschlachtet
die Welt wird gut

ALFRED LICHTENSTEIN

Die Zeichen

Die Stunde rückt vor.
Der Maulwurf zieht um.
Der Mond tritt wütend hervor.
Das Meer stürzt um.

Das Kind wird Greis.
Die Tiere beten und flehen.
Den Bäumen ist der Boden unter den Füßen zu heiß.
Der Verstand bleibt stehen.

Die Straße stirbt ab.
Die stinkende Sonne sticht.
Die Luft wird knapp.
Das Herz zerbricht.

Der Hund hält erschrocken den Mund.
Der Himmel liegt auf der falschen Seite.
Den Sternen wird das Treiben zu bunt.
Die Droschken suchen das Weite.

ALFRED LICHTENSTEIN

Abschied
(kurz vor der Abfahrt zum Kriegsschauplatz für Peter Scher)

Vorm Sterben mache ich noch mein Gedicht.
Still, Kameraden, stört mich nicht.

Wir ziehn zum Krieg. Der Tod ist unser Kitt.
O, heulte mir doch die Geliebte nit.

Was liegt an mir. Ich gehe gerne ein.
Die Mutter weint: Man muß aus Eisen sein.

Die Sonne fällt zum Horizont hinab.
Bald wirft man mich ins milde Massengrab

Am Himmel brennt das brave Abendrot.
Vielleicht bin ich in dreizehn Tagen tot.

Zuginsfeld

Wehrkraft im Geist
Wer
Der Mann
Pflicht gibt ihm Zwang und nimmt ihm Kraft
Zwang gibt ihm Waffen und nimmt ihm Wehr
Nimmt er das Gewehr über
Übernimmt
Und
Untergibt es ihn
Untergebener
Überlieferter
Der Mann ist geliefert
Vorgesetzter
Zurückgesetzter
So wird der Mann versetzt
Verstellt
Verrückt
‒ ‒ ‒ ‒ ‒
   Nebel steigt über Hohlheiten
Geht's bergab
Rutscht der Berg
Untergraben ist er
Nur gestützt noch
Stützen der Gesellschaft
Alles faul
Alle morsch
Alle marschmarsch
Sie stützen nicht
Sie unterstützen sich gegenseitig
Schwach fühlen sie sich
Nur etwas angegriffen
Nur Verteidigungskrieg
   Kriege euch schon
Die beste Verteidigung ist der Angriff
   Der beste Angriff ist keine Verteidigung
Behauptung gegen Behauptung
Haupt an Haupt
Behauptung mit Adler
Behelmtes Haupt

Alles Pappe
Alles Blech
Alles bewehrt
Alles verheert
Alles verhandelt
Das ist allerhand
Das ist aller Handwerk
Das ist aller Maulwerk
Und der große Vogel
Über allem
Über allen
Über alles in der Welt
   Hast du nicht die Gans gestohlen
Hast du nichts gesehn
Jetzt kommt Beweis zur kühnen Behauptung
Achtung
Fertig
Los
Hurra
Immer feste druff
Druff
Und druff
Und vorarbeiten
Gelände gewinnen
Nur zur Verteidigung
Mit Geld gegen Gott und Mutterland
Liebmutterland
Du
Erde
Dieb Heimatland a. D.
_ _ _ _ _

Kein Licht machen!
Licht aus im Graben!
Ausmachen im Graben
Latrine im Graben
Graben im Graben
Licht aus im Graben!
Wachen im Graben
Schlafen im Graben
Schlafen die Wachen im Graben
Die Toten erwachen
Erscheinen im Graben
Ratten im Graben

Scheintot im Graben
Verschüttet im Graben
Gräber im Graben
Lachen im Graben
Blut lacht über Blut im Graben
Lachen
Leuchten
Licht sticht Sicht
Kein Licht machen im Graben
Aber Scheinwerfer ficht
Wurfminen
Stockminen
Stockung
Stockrosen
Rasenthau
Taugenichts
Liederjan
Januskopf
Kopfverderb
Derber Spaß
Derbe Kost
Derber Kerl
Und Spaß muß sein
Im Rasen
Raserei
Reiterei
Arme Ritter
Flitterrock
Grauer Rock
DAS FELDGRAUEN

HANS SCHIEBELHUTH

Feld

Zerschoßner Pappeln armselige Allee
Längs der Aisne, der silbernen Schlange des Tals.
Obstlaub verlodert. Häuserruinen lichtig jenseits des Kanals,
Eine kaputte Postkutsche marschtot an der Chaussee.

Granatkrater einer am andern im kreidnen Feld.
Weiß, mehlene Wege, Wehren, schutzschildverstellt.
Drahtverhaue, Äolsharfen, drin Novemberwind flennt.
Grau. Kalkbrocken, fallen Herbsttage nieder vom Firmament.

Deutsches Volkslied

Es braust ein Ruf wie Donnerhall,
Daß ich so traurig bin.
Und Friede, Friede überall,
Das kommt mir nicht aus dem Sinn.

Kaiser Rotbart im Kyffhäuser saß
An der Wand entlang, an der Wand.
Wer nie sein Brot mit Tränen aß,
Bist du, mein Bayerland!

Wer reitet so spät durch Nacht und Wind?
Ich rate dir gut, mein Sohn!
Urahne, Großmutter, Mutter und Kind
Vom Roßbachbataillon.

O selig, o selig, ein Kind noch zu sein,
Von der Wiege bis zur Bahr!
Mariechen saß auf einem Stein,
Sie kämmte ihr goldenes Haar.

Sie kämmt's mit goldnem Kamme,
Wie Zieten aus dem Busch.
Sonne, du klagende Flamme:
Husch! Husch!

Der liebe Gott geht durch den Wald,
Von der Etsch bis an den Belt,
Daß lustig es zum Himmel schallt:
Fahr wohl, du schöne Welt!

Der schnellste Reiter ist der Tod,
Mit Juppheidi und Juppheida.
Stolz weht die Flagge Schwarzweißrot.
Hurra, Germania!

Franz Werfel

Die Wortemacher des Krieges

Erhabene Zeit! Des Geistes Haus zerschossen
Mit spitzem Jammer in die Lüfte sticht.
Doch aus den Rinnen, Ritzen, Kellern, Gossen,
Befreit und jauchzend das Geziefer bricht.

Das Einzige, wofür wir einig lebten,
Des Brudertums in uns das tiefe Fest,
Wenn wir vor tausend Himmeln niederbebten,
Ist nun der Raub für eine Rattenpest.

Die Tröpfe lallen, und die Streber krächzen,
Und nennen Mannheit ihren alten Kot.
Daß nur die fetten Weiber ihnen lechzen,
Wölbt sich die Ordensbrust ins Morgenrot.

Die Dummheit hat sich der Gewalt geliehen,
Die Bestie darf hassen, und sie singt.
Ach, der Geruch der Lüge ist gediehen,
Daß er den Duft des Blutes überstinkt.

Das alte Lied! Die Unschuld muß verbluten,
Indes die Frechheit einen Sinn erschwitzt.
Und eh nicht die Gerichts-Posaunen tuten,
Ist nur Verzweiflung, was der Mensch besitzt.

Geschrieben August 1914

Georg Heym

Der Krieg

Aufgestanden ist er, welcher lange schlief,
Aufgestanden unten aus Gewölben tief.
In der Dämmrung steht er, groß und unerkannt,
Und den Mond zerdrückt er in der schwarzen Hand.

In den Abendlärm der Städte fällt es weit,
Frost und Schatten einer fremden Dunkelheit,
Und der Märkte runder Wirbel stockt zu Eis.
Es wird still. Sie sehn sich um. Und keiner weiß.

In den Gassen faßt er ihre Schulter leicht.
Eine Frage. Keine Antwort. Ein Gesicht erbleicht.
In der Ferne wimmert ein Geläute dünn
Und die Bärte zittern um ihr spitzes Kinn.

Auf den Bergen hebt er schon zu tanzen an
Und er schreit: Ihr Krieger alle, auf und an.
Und es schallet, wenn das schwarze Haupt er schwenkt,
Drum von tausend Schädeln laute Kette hängt.

Einem Turm gleich tritt er aus die letzte Glut,
Wo der Tag flieht, sind die Ströme schon voll Blut.
Zahllos sind die Leichen schon im Schilf gestreckt,
Von des Todes starken Vögeln weiß bedeckt.

Über runder Mauern blauem Flammenschwall
Steht er, über schwarzer Gassen Waffenschall.
Über Toren, wo die Wächter liegen quer,
Über Brücken, die von Bergen Toter schwer.

In die Nacht er jagt das Feuer querfeldein
Einen roten Hund mit wilder Mäuler Schrein.
Aus dem Dunkel springt der Nächte schwarze Welt,
Von Vulkanen furchtbar ist ihr Rand erhellt.

Und mit tausend roten Zipfelmützen weit
Sind die finstren Ebnen flackernd überstreut,
Und was unten auf den Straßen wimmelt hin und her,
Fegt er in die Feuerhaufen, daß die Flamme brenne mehr.

Und die Flammen fressen brennend Wald um Wald,
Gelbe Fledermäuse zackig in das Laub gekrallt.
Seine Stange haut er wie ein Köhlerknecht
In die Bäume, daß das Feuer brause recht.

Eine große Stadt versank in gelbem Rauch,
Warf sich lautlos in des Abgrunds Bauch.
Aber riesig über glühnden Trümmern steht
Der in wilde Himmel dreimal seine Fackel dreht,

Über sturmzerfetzten Wolken Widerschein,
In des toten Dunkels kalte Wüstenein,
Daß er mit dem Brande weit die Nacht verdorr,
Pech und Feuer träufet unten auf Gomorrh.

AUGUST STRAMM

Patrouille

Die Steine feinden
Fenster grinst Verrat
Äste würgen
berge Sträucher blättern raschlig
gellen
Tod

AUGUST STRAMM

Vernichtung

Die Himmel wehen
Blut marschiert
marschiert
auf
tausend Füßen

Die Himmel wehen
Blut zerstürmt
zerstürmt
auf
tausend Schneiden

Die Himmel wehen
Blut zerrint
zerrinnt
in
tausend Fäden

Die Himmel wehen
Blut zersiegt
zersiegt
in
tausend Scharten

Die Himmel wehen
Blut zerschläft
zerschläft
zu
tausend Toden

Die Himmel wehen
Tod zerwebt
zerwebt
zu
tausend Füßen

ALBERT EHRENSTEIN

Walstatt

Weiß weint der Schnee auf den Äckern,
Bitterlich schwarz sind die Witwen,
Grün warst du, Wiese des Frühlings,
Gelb verkrümmt sich das Herbstlaub,
Grauer Soldat im Feld,
Rot sinkst du hinab zur hündischen Erde
Unter des Himmels unverfrorenem Blau.

Mit Glockengroll donnernden Schwingen
Senkt es sich nächtig ins Tal.
Flügelschlag wegbläst
Die feig glimmernden Sterne,
Über die Röchelnden
Reckt sich vampirisch der Roch,
Verwundete, Leichen sind seine Nahrung.

GEORG TRAKL

Expressionism typ generalised

Grodek

Contrast.

Am Abend tönen die herbstlichen Wälder
Von tödlichen Waffen, die goldnen Ebenen
Und blauen Seen, darüber die Sonne
Düstrer hinrollt; umfängt die Nacht
Sterbende Krieger, die wilde Klage

Ihrer zerbrochenen Münder.
Doch stille sammelt im Weidengrund
Rotes Gewölk, darin ein zürnender Gott wohnt,
Das vergossene Blut sich, mondne Kühle;
Alle Straßen münden in schwarze Verwesung.
Unter goldnem Gezweig der Nacht und Sternen
Es schwankt der Schwester Schatten durch den schweigenden
  Hain,
Zu grüßen die Geister der Helden, die blutenden Häupter;
Und leise tönen im Rohr die dunkeln Flöten des Herbstes.
O stolze Trauer! ihr ehernen Altäre,
Die heiße Flamme des Geistes nährt heute ein gewaltiger Schmerz,
Die ungebornen Enkel.

GEORG HEYM

Nach der Schlacht

In Maiensaaten liegen eng die Leichen,
Im grünen Rain, auf Blumen, ihren Betten.
Verlorne Waffen, Räder ohne Speichen,
Und umgestürzt die eisernen Lafetten.

Aus vielen Pfützen dampft des Blutes Rauch,
Die schwarz und rot den braunen Feldweg decken.
Und weißlich quillt der toten Pferde Bauch,
Die ihre Beine in die Frühe strecken.

Im kühlen Winde friert noch das Gewimmer
Von Sterbenden, da in des Osten Tore
Ein blasser Glanz erscheint, ein grüner Schimmer,
Das dünne Band der flüchtigen Aurore.

JOHANNES R. BECHER

Deutsche Gräber an der Ostfront

Kein Holzkreuz zeigt nach oben.
Wer spricht von Heldentaten?
Nicht Schaufel und nicht Spaten
Hat Gräber ausgehoben.

Es kam an auf Wagen
Die ungezählten Frachten
Der Toten ... Welche Schlachten!
Wer wagt davon zu sagen!

Es wurden aufgeboten
Maschinen, um zu graben,
Daß in der Erde haben
Genügend Platz die Toten ...

Wen läßt das noch erbleichen!
Es ist wie auf dem Meere,
Dort liegen auch die Heere
Und geben keine Zeichen.

BERTOLT BRECHT

Mein Bruder war ein Flieger

Mein Bruder war ein Flieger
Eines Tages bekam er eine Kart
Er hat seine Kiste eingepackt
Und südwärts ging die Fahrt.

Mein Bruder ist ein Eroberer
Unserm Volke fehlt's an Raum
Und Grund und Boden zu kriegen, ist
Bei uns ein alter Traum.

Der Raum, den mein Bruder eroberte
Liegt im Guadarramamassiv
Er ist lang einen Meter achtzig
Und einen Meter fünfzig tief.

GÜNTER EICH

Latrine

Über stinkendem Graben,
Papier voll Blut und Urin,
umschwirrt von funkelnden Fliegen,
hocke ich in den Knien,

den Blick auf bewaldete Ufer,
Gärten, gestrandetes Boot.
In den Schlamm der Verwesung
klatscht der versteinte Kot.

Irr mir im Ohre schallen
Verse von Hölderlin,
In schneeiger Reinheit spiegeln
Wolken sich im Urin.

»Geh aber nun und grüße
die schöne Garonne –«
Unter den schwankenden Füßen
schwimmen die Wolken davon.

GÜNTER EICH

Inventur

Dies ist meine Mütze,
dies ist mein Mantel,
hier mein Rasierzeug
im Beutel aus Leinen.

Konservenbüchse:
Mein Teller, mein Becher,
ich hab in das Weißblech
den Namen geritzt.

Geritzt hier mit diesem
kostbaren Nagel,
den vor begehrlichen
Augen ich berge.

Im Brotbeutel sind
ein Paar wollene Socken
und einiges, was ich
niemand verrate,

so dient es als Kissen
nachts meinem Kopf.

Die Pappe hier liegt
zwischen mir und der Erde.

Die Bleistiftmine
lieb ich am meisten:
Tags schreibt sie mir Verse,
die nachts ich erdacht.

Dies ist mein Notizbuch,
dies meine Zeltbahn,
dies ist mein Handtuch,
dies ist mein Zwirn.

HANS BENDER

Der junge Soldat
(als er vom Begräbnis seiner sieben Kameraden zur Front zurückging)

In die Blumen ihrer Haare
Rieselte die listge Erde.
Auf die Särge ihrer Brust
Klopften unsre stummen Würfe.
Sieben gelbe, warme Gräber
Trocknen in der Julisonne.

Wiesenweg durch heißen Mohn.
Wälderweg durch kalte Tannen.
Weg, der blind im Sumpf erstickt.
Ungewisser Minenweg –
Dann vorbei an hellen Hütten.
Vorhangfalten, Fensterglas.

Beerentrauben in den Gärten.
Rosenstrauß. Gladiolengarbe.
Brunnen, dran der Eimer schwappt.
Vor den Zäunen steife Mädchen.
In die Löcher der Pupillen
Haß, vom Schreck hineingebohrt.

Trauer durch den Sommer tragen,
Schultergurt und rauhes Tuch.
Handgranate, Spaten, Helm,

Das Gewehr und die Geschosse.
Messer, eingekerbt die Rille,
Für das Blut der stumpfen Rücken.

Sieben fette Krähen wehen
Aus den Ästen roter Föhren.
Sieben schwarze Federn fallen
In die Raupenspur des Tanks.

Ernst Jandl

1944   **1945**

krieg   krieg
krieg   krieg
krieg   krieg
krieg   krieg
krieg   mai
krieg
krieg
krieg
krieg
krieg
krieg
krieg

(markierung einer wende)

Peter Huchel

Chausseen

Erwürgte Abendröte
Stürzender Zeit!
Chausseen. Chausseen.
Kreuzwege der Flucht.
Wagenspuren über den Acker,
Der mit den Augen
Erschlagener Pferde
Den brennenden Himmel sah.

84

Nächte mit Lungen voll Rauch,
Mit hartem Atem der Fliehenden,
Wenn Schüsse
Auf die Dämmerung schlugen.
Aus zerbrochenem Tor
Trat lautlos Asche und Wind,
Ein Feuer,
Das mürrisch das Dunkel kaute.

Tote,
Über die Gleise geschleudert,
Den erstickten Schrei
Wie einen Stein am Gaumen.
Ein schwarzes
Summendes Tuch aus Fliegen
Schloß ihre Wunden.

Peter Huchel

Warschauer Gedenktafel

I
Es ließen die Blitze
Zerstörter Sommer
Die Asche an den Bäumen.
Im Wundmal der Mauer
Erscheinen die Toten.
Die schuhlosen Füße frieren
Im Tau der Rosen.

II
O heiliges Blut,
Es brannte
In allen Adern der Stadt.
Ein Wall
Wunden Fleisches
War der Mund.
Am Schweigen
Hinter den Zähnen
Zerbrach das Eisen.

Die toten Städte

Hebt sich des Morgens Kühle
Über die träumende Welt,
Ist auf der Hügel Gestühle
Wieder eine Sonne gestellt,
Geistert der Ruf der Hähne
Durchs Fenster um Bett und Spind,
Erwacht die Sirene
Mit dem Dämmerungswind.

Immer ist jetzt hinter Wänden
Stille von Flüstern zerstückt,
Werden uns von feindlichen Händen
Fremde Schatten vor die Füße gerückt.
Ratten pfeifen in Höfen,
Vom Morgengraun überrascht.
Kranke schrein, die in den Öfen
Des Fiebers vom Irrsinn genascht.

Wie aus Tollhäusern Orgeln
Kämen, aus des Tods Bienenstock,
Auf das Geheiß der Erhabnen:
Tausende Vögel Rock.
In den Nachen der Betten
Flüstert Sindbad sich Tröstung zu.
In Kellern in hundert Städten
Spieln die Kindlein Blindekuh.

Und der Geschütze Bellen
Sagt von Ohnmacht und Tod.
In den Trommelfellen
Klopft des Nachbarn Herzensnot.
Plötzlich taumeln die Wände
Betrunken, des Todesweins Rest
Fällt auf kraftlose Hände,
Und die Luft ist aus Mündern gepreßt.

Fledermausgleich sind die ersten
Flüche in die Keller gehängt,
In dieser Stunde, da bersten

Der Armen Zisternen. Bedrängt
Sind die Schwachen von Frage und Drohung,
Von Entschlossenheit gestreift.
In der Unschuldigen Früchten
Ist Bitternis schon gereift.

Senkt sich des Abends Kühle
Auf die traumsüchtige Welt,
Ist auf der Hügel Gestühle
Wolkenschatten gestellt,
Geistert die Klage der Hähne
In der Fiebernden Ruh,
Fliegen die Ungebornen
Dem Asphodelenhain zu.

Nicolas Born

Einzelheit, damals

Hauptsächlich Glas ging in Trümmer.
Regional, sagen wir mal, war gar nicht viel los
von den Ahnungen abgesehen
den Nachrichten unter der Hand
wenn Eheringe über den Fotos von Vermißten
zu kreisen begannen.
   Kriegsreste (Erkennungsmarken)
schepperten auf der Reichsbahn.
Auf solche Weise kehrte Onkel Norbert zurück
metallen, einer aus Stückzahl 100
Inhalt einer ARI-Kartusche
gefunden zwischen den Gleisen der STRABA
bei Sturm.
In den toten Wagen lagen Splitter herum
seltsame Formen im Seegras
die Sitze waren zerfetzt.
Die Kurbel ließ eine halbe Drehung zu
– wir waren glücklich.

Man hat sich Rußland riesig vorzustellen
ausgesprochen endlos.

HEINZ PIONTEK

Zurückdenkend

An die Kraut- und Heringstonnen
des Kaufmanns Wollny –

(Ich erinnere mich deutlich)

An die scheintoten toten
Dragoner der Heide Basan –

An das Schlachtfest
in der Kolonie Buddenbrock –

An den starken kleinen Juden
Ephraim –

An den Rauch.

HEINZ CZECHOWSKI

Niobe

Das Haus hinter Bäumen und Büschen: eine alte Frau
füttert drei Katzen, sie sagt:
Ich hatte drei Töchter, der Krieg
nahm sie mir, sie gingen
die Wege, die Gras überwuchs, und kamen
nicht mehr. Mein Mann
bei der Bahn, über die Stadt
kamen die Bomber. Sie brachten ihn mir: seine Brust
war eine blutige Schüssel, im Garten
grub ich sein Grab, die Nachbarin
half ihn begraben. Jetzt
bekomme ich Rente, den Rest
bringen die Hühner, das
wird mir keiner
mehr nehmen.

1968

MARIE LUISE KASCHNITZ

Bräutigam Froschkönig

Wie häßlich ist
Dein Bräutigam
Jungfrau Leben

Eine Rüsselmaske sein Antlitz
Eine Patronentasche sein Gürtel
Ein Flammenwerfer
Seine Hand

Dein Bräutigam Froschkönig
Fährt mit Dir
(Ein Rad fliegt hierhin, eins dorthin)
Über die Häuser der Toten

Zwischen zwei
Weltuntergängen
Preßt er sich
In Deinen Schoß

Im Dunkeln nur
Ertastest Du
Sein feuchtes Haar

Im Morgengrauen
Nur im
Morgengrauen
Nur im

Erblickst Du seine
Traurigen
Schönen
Augen.

fund im schnee

eine feder die hat mein bruder verloren
der rabe
drei tropfen blut hat mein vater vergossen
der räuber
ein blatt ist in den schnee gefallen
vom machandelbaum
einen feinen schuh von meiner braut
einen brief vom herrn kannitverstan
einen stein einen ring einen haufen stroh
wo sie der krieg begraben hat
das ist lang her

zerreiß den brief
zerreiß den schuh
schreib mit der feder auf das blatt:
weißer stein
schwarzes stroh
rote spur
ach wie gut daß ich nicht weiß
wie meine braut mein land mein haus
wie mein bruder
wie ich heiß

PETER GAN

Ein Traum

Mir träumte diese Nacht, es wäre Krieg.
Dies träum' ich oft; es liegt wohl in der Luft.
Es war in einem Wald; der stand und schwieg,
Und bös wie das Gewölbe einer Gruft

Hing drohend in die Dämmernacht hinein
Neugierig nah ein Himmel voller Hohn
Und drückte schwefelfarben und gemein
Das Licht zu Boden. Und da kam auch schon

Das erste Regiment. Schildkröten sind's,
Am langen dürren Hals das greise Haupt
Ins Leere reckend hilflos mit Geblinz,
Krummbeinig, lasterdrückt und wegbestaubt.

Und wie sie torkeln, geht im gleichen Schritt
Ein Gitterregiment von Stäben stumm
Zur Seite ihnen schatteneilig mit,
Und sieht kein Stab und sieht kein Tier sich um.

Dann folgen hastig, zänkisch zeternd und
Bemüht der strengen Straße zu entgehn,
Meerkatzen flink, mit Augen groß und rund,
Und springen jäh und bleiben jählings stehn.

Und mit dem Gitter weiterhastend drängt
Ein kleiner Eulenkopf sich durch und fleht,
Der sich vergebens durch die Stäbe zwängt:
Wo denn der Weg nach Otakumi geht?

Nach Otakumi . . . o wie lieblich klang
Dies Wort aus Laub und Glück, und o wie bang!

Stephan Hermlin

Die Vögel und der Test
Zeitungen melden, daß unter dem Einfluß der Wasserstoffbombenversuche die Zugvögel über der Südsee ihre herkömmlichen Routen änderten.

Von den Savannen übers Tropenmeer
Trieb sie des Leibes Notdurft mit den Winden,
Wie taub und blind, von weit- und altersher,
Um Nahrung und um ein Geäst zu finden.

Nicht Donner hielt sie auf, Taifun nicht, auch
Kein Netz, wenn sie was rief zu großen Flügen,
Strebend nach gleichem Ziel, ein schreiender Rauch,
Auf gleicher Bahn und stets in gleichen Zügen.

Die nicht vor Wassern zagten noch Gewittern
Sahn eines Tags im hohen Mittagslicht
Ein höhres Licht. Das schreckliche Gesicht

Zwang sie von nun an ihren Flug zu ändern.
Da suchten sie nach neuen sanfteren Ländern.
Laßt diese Änderung euer Herz erschüttern . . .

GEORG HEYM

Die Gefangenen

Sie trampeln um den Hof im engen Kreis.
Ihr Blick schweift hin und her im kahlen Raum.
Er sucht nach einem Feld, nach einem Baum,
Und prallt zurück von kahler Mauern Weiß.

Wie in den Mühlen dreht der Rädergang,
So dreht sich ihrer Schritte schwarze Spur.
Und wie ein Schädel mit der Mönchstonsur,
So liegt des Hofes Mitte kahl und blank.

Es regnet dünn auf ihren kurzen Rock.
Sie schaun betrübt die graue Wand empor,
Wo kleine Fenster sind, mit Kasten vor,
Wie schwarze Waben in dem Bienenstock.

Man treibt sie ein, wie Schafe zu der Schur.
Die grauen Rücken drängen in den Stall.
Und klappernd schallt heraus der Widerhall
Der Holzpantoffeln auf dem Treppenflur.

OSKAR LOERKE

Genesungsheim

Was schlug man diesen zum Krüppel?
Er dachte hinter der Stirn:
Da öffnete ihm der Knüppel
Den Schädel, und Hirn war nur Hirn.

Warum haben Jauche-Humpen
Dort jenen die Augen verbrannt?
Sie haben einen Lumpen
Einen Lumpen genannt.

Warum schweigt dieser im Knebel?
Weil sein Gewissen schrie!
Wes Kopf sprang zum Reiche der Nebel?
Dessen Gurgel vor Ekel spie!

Nova Apocalypsis

Endchrist endchrist du wurdest zum spott
Statt deiner kommt der fliegengott.

Larven aus faulenden hirnen gekrochen
Sind nun ins leben hereingebrochen

Breiten sich dreist über alle gassen:
»Das reich ist unser: wir kommen in massen.

Der geht noch aufrecht – reißet ihn um
Der hat noch ein antlitz – zerret es krumm!

Der schreitet noch – er schleiche und hinke
Der schaut noch – macht daß er schiele und zwinke!

Kein arm: wir brauchen nur taster und greifer
Kein blut: wir brauchen nur gallert und geifer.

Hinweg mit seelen und höhen und himmeln
Wir brauchen nur staub: wir die kriechen und wimmeln.«

Walter Mehring

Die Sage vom Großen Krebs

Es geht um – es geht um eine böse Mär
Vom Krebs im Mohriner See...
Ihn ketten zwei Jahrtausende schwer –
Und wär er frei,
    Ging alles rückwärts und verquer,
       rückwärts und verquer.
Läutet die Glocken bim bam bom
    Hosiannah!
      Gott geb's,
    Daß nimmermehr loskomm
    Der Große Krebs!

Denn kröche der Krebs aus dem Morast,
Marschierte ein ganzes Heer,
Das würgt und mordet, hetzt und haßt
Ihm hinterher.
   Im Krebsgang rückwärts und verquer,
     rückwärts und verquer …
Marschierte das ganze Rückwärtser-Heer.
   Hosiannah!
    Gott geb's,
   Daß loskomm nimmermehr
   Der Große Krebs!

Dann kreiste zurück die Jahrhundertuhr
Zur ewigen Mitternacht …
Und wenn die berauschte Kreatur
Vom Traum erwacht,
   Geht alles rückwärts und verquer,
     rückwärts und verquer
Zu Hexenbränden und Judenpogrom …
   Hosiannah!
    Gott geb's,
   Daß nimmermehr loskomm
   Der Große Krebs!

Wohin er kröche, folgt seiner Spur
Die Pest vom Mohriner See,
Und es regierte die Krebs-Diktatur
Und kommandiert:
   Das Ganze rückwärts und verquer,
     rückwärts und verquer!
Nieder mit euch! Kadaverfromm!
   Hosiannah!
    Gott geb's,
   Daß nimmermehr loskomm
   Der Große Krebs!

Ach, hör mich, Volk – welch du hier lebst
Und zwischen Berg und See
Um täglich Brot und Freiheit krebst:
Laß ihn nicht frei –
   Sonst geht es rückwärts und verquer,
     rückwärts und verquer …
   Wir alle, alle hinterher –
   Und euer Wille geb's,

Daß loskomm nimmermehr
   nimmermehr
Der Große Krebs
Der Große Krebs!

PAUL CELAN *Parents killed in Concentration*

Todesfuge

Schwarze Milch der Frühe wir trinken sie abends
wir trinken sie mittags und morgens wir trinken sie nachts
wir trinken und trinken
wir schaufeln ein Grab in den Lüften da liegt man nicht eng
Ein Mann wohnt im Haus der spielt mit den Schlangen
                                        der schreibt
der schreibt wenn es dunkelt nach Deutschland
                                dein goldenes Haar Margarete
er schreibt es und tritt vor das Haus und es blitzen die Sterne
                                er pfeift seine Rüden herbei
er pfeift seine Juden hervor läßt schaufeln ein Grab *Hounds*
                                in der Erde
er befiehlt uns spielt auf nun zum Tanz
   orders

Schwarze Milch der Frühe wir trinken dich nachts
wir trinken dich morgens und mittags wir trinken dich
                                abends
wir trinken und trinken
Ein Mann wohnt im Haus der spielt mit den Schlangen
                                der schreibt
der schreibt wenn es dunkelt nach Deutschland
                                dein goldenes Haar Margarete
Dein aschenes Haar Sulamith wir schaufeln ein Grab in den
                                Lüften da liegt man nicht eng
   Butt
Er ruft stecht tiefer ins Erdreich ihr einen ihr andern singet
   snatch at   *Stop*   und spielt
er greift nach dem Eisen im Gurt er schwingts seine Augen
                        brandish   sind blau
stecht tiefer die Spaten ihr einen ihr andern spielt weiter
                                zum Tanz auf

95

Schwarze Milch der Frühe wir trinken dich nachts
wir trinken dich mittags und morgens wir trinken dich abends
wir trinken und trinken
ein Mann wohnt im Haus dein goldenes Haar Margarete
dein aschenes Haar Sulamith er spielt mit den Schlangen

Er ruft spielt süßer den Tod der Tod ist ein Meister
                                        aus Deutschland
er ruft streicht dunkler die Geigen dann steigt ihr als Rauch
                                        in die Luft
dann habt ihr ein Grab in den Wolken da liegt man nicht eng

Schwarze Milch der Frühe wir trinken dich nachts
wir trinken dich mittags der Tod ist ein Meister
                                        aus Deutschland
wir trinken dich abends und morgens wir trinken und trinken
der Tod ist ein Meister aus Deutschland sein Auge ist blau
er trifft dich mit bleierner Kugel er trifft dich genau
ein Mann wohnt im Haus dein goldenes Haar Margarete
er hetzt seine Rüden auf uns er schenkt uns ein Grab
                                        in die Luft
er spielt mit den Schlangen und träumet der Tod ist ein
                                        Meister aus Deutschland

dein goldenes Haar Margarete
dein aschenes Haar Sulamith

Nelly Sachs

Chor der Geretteten

Wir Geretteten,
Aus deren hohlem Gebein der Tod schon seine Flöten schnitt,
An deren Sehnen der Tod schon seinen Bogen strich –
Unsere Leiber klagen noch nach
Mit ihrer verstümmelten Musik.
Wir Geretteten,
Immer noch hängen die Schlingen für unsere Hälse gedreht
Vor uns in der blauen Luft –
Immer noch füllen sich die Stundenuhren mit unserem
                                        tropfenden Blut.

Wir Geretteten,
Immer noch essen an uns die Würmer der Angst.
Unser Gestirn ist vergraben im Staub.
Wir Geretteten
Bitten euch:
Zeigt uns langsam eure Sonne.
Führt uns von Stern zu Stern im Schritt.
Laßt uns das Leben leise wieder lernen.
Es könnte sonst eines Vogels Lied,
Das Füllen des Eimers am Brunnen
Unseren schlecht versiegelten Schmerz aufbrechen lassen
Und uns wegschäumen –
Wir bitten euch:
Zeigt uns noch nicht einen beißenden Hund –
Es könnte sein, es könnte sein
Daß wir zu Staub zerfallen –
Vor euren Augen zerfallen in Staub.
Was hält denn unsere Webe zusammen?
Wir odemlos gewordene,
Deren Seele zu Ihm floh aus der Mitternacht
Lange bevor man unseren Leib rettete
In die Arche des Augenblicks.
Wir Geretteten,
Wir drücken eure Hand,
Wir erkennen euer Auge –
Aber zusammen hält uns nur noch der Abschied,
Der Abschied im Staub
Hält uns mit euch zusammen.

Nelly Sachs

Auf daß die Verfolgten nicht Verfolger werden

Schritte –
in welchen Grotten der Echos
seid ihr bewahrt,
die ihr den Ohren einst weissagtet
kommenden Tod?

Schritte –
Nicht Vogelflug, noch Schau der Eingeweide,
noch der blutschwitzende Mars
gab des Orakels Todesauskunft mehr –
nur Schritte –

Schritte –
Urzeitspiel von Henker und Opfer,
Verfolger und Verfolgten,
Jäger und Gejagt –

Schritte
die die Zeit reißend machen
die Stunde mit Wölfen behängen,
dem Flüchtling die Flucht auslöschen
im Blute.

Schritte
die Zeit zählend mit Schreien, Seufzern,
Austritt des Blutes bis es gerinnt,
Todesschweiß zu Stunden häufend –

Schritte der Henker
über Schritten der Opfer,
Sekundenzeiger im Gang der Erde,
von welchem Schwarzmond schrecklich gezogen?

In der Musik der Sphären
wo schrillt euer Ton?

Rose Ausländer

Fragebogen

Der Fragebogen
soll ausgefüllt werden
ja oder nein
verschollene Namen und Daten
woher wohin
Unterschrift eidlich

Ja ich war einmal geboren
mein Wiegenland ist tot
ich bin Untermieter
in der Hölle
hab meinen Namen vergessen
drei eigene Kreuze
Amen

Rose Ausländer

Anklage

Tote Freunde
klagen dich an
du hast sie überlebt

Du weinst um sie
und lachst schon wieder
mit andern Freunden

Deine Blumen
auf ihren Gräbern
versöhnen sie nicht

Du trauerst um ihren Tod
und machst Gedichte
aufs Leben

Wolfgang Weyrauch

Die Gleichung

Die Buchen, der Wald,
der Wald, die Buchen,
Buchen mal Wald
gleich Buchenwald
Buchenwald gleich mir, mir, mir,
der ich die Buchen
und den Wald beleidigte,
hieb, fällte,
äscherte, begrub,

die Gleichung ist richtig,
folgerichtig und einsehbar,
die Summe ist unendlich,
ein X ist darin enthalten,
das X ist ein Fragenbündel,
der Fragensteller fragt,
was habe ich unterlassen,
was mache ich in diesem Augenblick falsch,
wie kann ich die Zukunft verändern,
mich verändernd,
dadurch andre verändernd,
dadurch die Beleidigungen,
Hiebe, Fällungen, Äscherungen, Begräbnisse
verhindernd und ausschließend,
nur durch diese meine elenden Sätze?

RAINER KIRSCH

Ausflug machen

Na, wohin gehts?

In den Eichenwald, in den Eichenwald
Der graue Kuckuck ruft dort bald.

Wünsch eine gute Fahrt!

Na, wohin gehts?

In den Fichtenwald, in den Fichtenwald
Wo Goldhahns und Kreuzschnabels Stimmlein schallt.

Wünsch eine gute Fahrt!

Na, wohin gehts?

In den Buchenwald, in den Buchenwald
Dort pfeift der warme Wind so kalt
Dort schmeckt die Luft so seltsam süß
Dort riechts so stark nach Paradies

Dort ist der schwarze Rauch zu sehn
Dort pfeift der Wind, der Rauch bleibt stehn
Dort weht der Wind schon siebzehn Jahr
Dort schreit der Rauch wohl immerdar.

Wünsch eine gute Fahrt!

FRIEDRICH HAGEN

nach jeder Nacht bringt der stumme blinde Bote
den Brief mit fremder Aufschrift und darin ein leeres Blatt

nach jedem Morgen stampft der Zug der zornigen Reiter daher
welch ein Gelächter wenn du flüchtest zwischen den tödlichen
                                                        Hufen

nach jedem Tag erscheint der melancholische Steuereinnehmer
mit einer Rechnung auf der die Ziffern ausgelöscht sind
nach jedem Abend rollt die mechanische Puppe durch die
                                                        Straßen
vom Alter schwarz und ihr totes Auge sieht durch dich
                                                    hindurch

GERTRUD KOLMAR

Grabschrift

Buntgefleckte Laster ducken Knechte,
Reißen Beute hin mit Zahn und Krallen;
Aber er, der Reine, der Gerechte,
Ward gezeugt, als Opferlamm zu fallen.

Daß er wuchs und siegte, schien ein Greuel,
Untat, die der Welten Gang verkehrte,
Schauderanblick, Basiliskenknäuel,
Daß sie schreckte, bannte und verzehrte,

Und sie rasten, angstbesessne Herde,
Und erschlugen ihn mit Totenbeinen,
Stampften ihn in Kehricht, Kalk und Erde.
Immer sie, die Vielen. Ihn, den Einen.

OSKAR LOERKE

Ende der Gewalt

Wo ist dein Sieg, o Tod?   Pope/Herder

Ihr, die ihr zwingt, doch nie bezwingt:
Und wenn ihr noch so eifrig seid
Und fern von Mitleid oder Leid,
Ihr macht, wenn ihr die Kolben schwingt,
Für euch in Zeit und Ewigkeit
Aus meinem Blut kein Goldgeschmeid!

RENÉ SCHICKELE

Abschwur

Ich schwöre ab:
jegliche Gewalt,
jedweden Zwang,
und selbst dem Zwang:
zu andern gut zu sein.
Ich weiß:
ich zwänge nur den Zwang.
Ich weiß:
das Schwert ist stärker
als das Herz,
der Schlag dringt tiefer
als die Hand,
Gewalt regiert,
was gut begann,
zum Bösen.
Wie ich die Welt will,
muß ich selber erst
und ganz und ohne Schwere werden.
Ich muß ein Lichtstrahl werden,
ein klares Wasser
und die reinste Hand
zu Gruß und Hilfe dargeboten.

Stern am Abend prüft den Tag,
Nacht wiegt mütterlich den Tag.

Stern am Morgen dankt der Nacht.
Tag strahlt.
Tag um Tag
sucht Strahl um Strahl.
Strahl an Strahl
wird Licht,
ein helles Wasser strebt zum andern,
weithin verzweigte Hände
schaffen still den Bund.

ERICH FRIED

Humorlos

Die Jungen
werfen
zum Spaß
mit Steinen
nach Fröschen

Die Frösche
sterben
im Ernst

BERTOLT BRECHT

Lied der Starenschwärme

1
Wir sind aufgebrochen im Monat Oktober
In der Provinz Suiyuan
Wir sind rasch geflogen in südlicher Richtung,
                              ohne abzuweichen
Durch vier Provinzen fünf Tage lang.
          Fliegt rascher, die Ebenen warten
          Die Kälte nimmt zu und
          Dort ist Wärme.

2
Wir sind aufgebrochen und waren achttausend
Aus der Provinz Suiyuan

Wir sind mehr geworden täglich um Tausende, je weiter wir
kamen
Durch vier Provinzen fünf Tage lang.
　　　Fliegt rascher, die Ebenen warten
　　　Die Kälte nimmt zu und
　　　Dort ist Wärme.

3
Wir überfliegen jetzt die Ebene
In der Provinz Hunan
Wir sehen unter uns große Netze und wissen
Wohin wir geflogen sind fünf Tage lang:
　　　Die Ebenen haben gewartet
　　　Die Wärme nimmt zu und
　　　Der Tod ist uns sicher.

ARNFRID ASTEL

Schützenhilfe

In der Zeitung lese ich
von der Taubenplage.
Das sind »Ratten der Luft«.
Jetzt dürfen wir sie abknallen.

ARNFRID ASTEL

Telefonüberwachung

Der »Verfassungsschutz«
überwacht meine Gespräche.
Mit eigenen Ohren hört er:
Ich mißtraue einem Staat,
der mich bespitzelt.
Das kommt ihm verdächtig vor.

REINER KUNZE

Zimmerlautstärke

Dann die
zwölf jahre
durfte ich nicht publizieren sagt
der mann im radio

Ich denke an X
und beginne zu zählen

HORST BINGEL

Der Gang

Er saß neben mir
im dunklen Mantel
und hatte seine Rabenmütze auf:
früh Sechs-Uhr-Dreißig
war mein Termin.

Ich kann nicht sagen,
daß er gesprächig war:
es war an diesem Morgen – kalt.

Noch eine letzte Ecke,
als wir fast angekommen waren,
da sprach er's aus:
Es würde ihm nicht oft passieren,
er habe sich im Tag geirrt, pardon.

CHRISTA REINIG

Vor der Abfahrt

Sie kamen und suchten
unter der Bank, im Gepäcknetz
suchten sie jemand.
Danke, sagten sie zu mir.

Auf dem Dach, zwischen den Rädern
suchten sie jemand.
Unter meiner Mütze
suchten sie nicht.

Starr war die Erde.
Da nahm ich den Schnee.
In meiner Manteltasche
nahm ich den Schnee mit.

CHRISTA REINIG

Der Baum, der reden lernte

Daß er ein Baum war,
spürte er nicht.
Sie sägten ihn entzwei:
der Bagger konnte wenden.

Aus seinen Stümpfen zwingt er Blatt um Blatt,
stammelnd,
auf Fragen gibt er Antwort.

FRANZ MON

weil ich in ordnung gehe
wenn ich durchs feuer gehe
damit ich ins auge gehe
ehe ich hops gehe

weil ich durchs feuer ginge
wenn ich ins auge ginge
damit ich hops ginge
ehe ich in ordnung ginge

weil ich ins auge ging
wenn ich hops ging
damit ich in ordnung ging
ehe ich durchs feuer ging

weil ich hops ginge
wenn ich in ordnung gehe
damit ich durchs feuer ginge
ehe ich ins auge gehe

REINER KUNZE

Das Ende der Fabeln

Es war einmal ein fuchs ...
beginnt der hahn
eine fabel zu dichten

Da merkt er
so geht's nicht
denn hört der fuchs die fabel
wird er ihn holen

Es war einmal ein bauer ...
beginnt der hahn
eine fabel zu dichten

Da merkt er
so geht's nicht
denn hört der bauer die fabel
wird er ihn schlachten

Es war einmal ...

Schau hin schau her
Nun gibt's keine fabeln mehr

KARL MICKEL

An M.

Wir standen aufm Eis
Und angelten mitm Finger
Plötzlich wurde uns heiß
Das Eis kam ins Geschlinger
        »Was ists fürn Gast?«
        »Irgendeiner.«
        »Besser einer als keiner!«
        »Ja.«

Quer durchs Eis flußab
Kam ein Rauch im Eisenschuh
Färbt die Wolken rot und schwarz
Donnert unterm Fluß
     »Was ists fürn Gast?«
     »Irgendeiner.«
     »Besser einer als keiner!«
     »Ja.«

Ich steh, du bist weg
Auf deim Fleck
Gucktn Fisch ausm Wasser
Mein Aug ist nasser
     »Was wars fürn Gast?«
     »Irgendeiner.«
     »Besser einer als keiner!«
     »Naja.«

RAINER KIRSCH

Aufschub

Damit wir später reden können, schweigen wir.
Wir lehren unsere Kinder schweigen, damit
Sie später reden können.
Unsere Kinder lehren ihre Kinder schweigen.
Wir schweigen und lernen alles
Dann sterben wir.
Auch unsere Kinder sterben. Dann
Sterben deren Kinder, nachdem
Sie unsere Urenkel alles gelehrt haben
Auch das Schweigen, damit die
Eines Tages reden können.
Jetzt, sagen wir, ist nicht die Zeit zu reden.
Das lehren wir unsere Kinder
Sie Ihre Kinder
Die ihre.
Einmal, denken wir, muß doch die Zeit kommen.

CHRISTA REINIG

Kassiber

Nein mich peinigt nichts mehr seit ich mir die haut mit nägeln
heruntergerissen habe

nur daß ich schweigen muß weil alle schreie aus dem raum hin-
weggeatmet sind in die lungen toter vordermänner

denn was mich so unerbittlich beschämt hat daß ich hier zufällig
bin und aufgegriffen von der straße um die zahl zu erfüllen

allein ich sehe nurmehr das was nicht ist mir aber auferlegt war

heute nacht hab ich unentwegt vom gärtner Namenlos geträumt
wie er auf der roten stadtmauer von Perleberg das gras absichelt

ihr warum weint ihr über ein geflecktes papier das euch ins haus
geschickt ist und hört nicht aus allen wänden die empörten
steine dröhnen sie meine zungen

sie sagen ich lebe

WOLFGANG HÄDECKE

Teltowkanal

Zwischen Weide und Damm
der Fisch, im Ölwasser, Menschenfisch,
silbern die Nackenflosse, das Haar
im öligen Schaum, ein stummer
tauchender grauer Menschenfisch,
dicht bei den Reusen, im Nachtwasser,
keuchend, das Nackensegel gesetzt:

Schüsse. Schüsse. Schüsse:
Die Blutperlenschnur im Öl, in der Nacht,
und der Weidentod greift mit dem Lichtarm,
dem Arme des Kraken das silberne Segel,
er wirft den Fisch in die Luft,
in die Nachtluft, den Menschenfisch, grau,
die Bauchflosse leuchtet:

»Und wär's nur um diesen, den einen,
ich sage euch, dieser, der eine,
versinkend im Schaum, er ist es –«

vier Uhr. Vier Uhr.
Und das Öl. Und die Winde. Die Nacht.

Horst Bienek

Exekution

Stacheldraht
   ist der Mantel der Heiligen
niemand leugnet die
    tote Sekunde
        unendlich brennt sie
   im Winterstaub
was klagt ihr was klagt ihr
      was klagst du

wenn der Schneefall kommt
trommelt das Schweigen
    Exekution

Horst Bienek

Sehr fern

Was geschah
geschah sehr fern
     einige von uns haben
    die Schüsse gehört
Die Urteile sind vollstreckt

    Auch wir standen auf der Liste
    Sie sagen: wir leben noch

HILDE DOMIN

Wen es trifft

Wen es trifft,
der wird aufgehoben
wie von einem riesigen Kran
und abgesetzt
wo nichts mehr gilt,
wo keine Straße
von Gestern nach Morgen führt.
Die Knöpfe, der Schmuck und die Farbe
werden wie mit Besen
von seinen Kleidern gekehrt.
Dann wird er entblößt
und ausgestellt.
Feindliche Hände
betasten die Hüften.
Er wird unter Druck
in Tränen gekocht
bis das Fleisch
auf den Knochen weich wird
wie in den langsamen Küchen der Zeit.
Er wird durch die feinsten
Siebe des Schmerzes gepreßt
und durch die unbarmherzigen
Tücher geseiht,
die nichts durchlassen
und auf denen das letzte Korn
Selbstgefühl
zurückbleibt.
So wird er ausgesucht
und bestraft
und muß den Staub essen
auf allen Landstraßen des Betrugs
von den Sohlen aller Enttäuschten,
und weil Herbst ist
soll sein Blut
die großen Weinreben düngen
und gegen den Frost feien.
Manchmal jedoch
wenn er Glück hat,
aber durch kein kennbares

Verdienst,
so wie er nicht ausgesetzt ist
für eine wißbare Schuld,
sondern ganz einfach weil er zur Hand war,
wird er
von der unbekannten
allmächtigen Instanz
begnadigt
solange noch Zeit ist.
Dann wird er wiederentdeckt
wie ein verlorener Kontinent
oder ein Kruzifix
nach dem Bombenangriff
im verschütteten Keller.
Es ist als würde eine Weiche gestellt:
sein Nirgendwo
wird angekoppelt
an die alte Landschaft,
wie man einen Wagen
von einem toten Geleis
an einen Zug schiebt.
Unter dem regenbogenen Tor
erkennt ihn und öffnet die Arme
zu seinem Empfang
ein zärtliches Gestern
an einem bestimmbaren
Tag des Kalenders,
der dick ist mit Zukunft.

Keine Katze mit sieben Leben,
keine Eidechse und kein Seestern,
denen das verlorene Glied
nachwächst,
kein zerschnittener Wurm
ist so zäh wie der Mensch,
den man in die Sonne
von Liebe und Hoffnung legt.
Mit den Brandmalen auf seinem Körper
und den Narben der Wunden
verblaßt ihm die Angst.
Sein entlaubter
Freudenbaum
treibt neue Knospen,

selbst die Rinde des Vertrauens
wächst langsam nach.
Er gewöhnt sich an das veränderte
gepflügte Bild
in den Spiegeln,
er ölt seine Haut
und bezieht den vorwitzigen
Knochenmann
mit einer neuen Lage von Fett,
bis er für alle
nicht mehr fremd riecht.
Und ganz unmerklich,
vielleicht an einem Feiertag
oder an einem Geburtstag,
sitzt er nicht mehr
nur auf dem Rande
des gebotenen Stuhls,
als sei es zur Flucht
oder als habe das Möbel
wurmstichige Beine,
sondern er sitzt
mit den Seinen am Tisch
und ist zuhause
und beinah
sicher
und freut sich
der Geschenke
und liebt das Geliehene
mehr als einen Besitz,
und jeder Tag
ist für ihn
überraschendes Hier,
so leuchtend leicht
und klar begrenzt
wie die Spanne
zwischen den ausgebreiteten
Schwungfedern
eines gleitenden Vogels.
Ungeplant plötzlich im Blau
und unaufhaltsam.

Die furchtbare Pause
der Prüfung

sinkt ein
wie ein Tief zwischen Inseln.
Die Schlagbäume
an allen Grenzen
werden wieder ins Helle verrückt.
Aber die Substanz
des Ich
ist so anders
wie das Metall, das aus dem Hochofen kommt.
Oder als wär er
aus dem zehnten oder zwanzigsten Stock
– der Unterschied ist gering
beim Salto mortale
ohne Netz –
auf seine Füße gefallen
mitten auf Times Square
und mit knapper Not
vor dem Wechsel des roten Lichts
den Schnauzen der Autos entkommen.
Doch eine gewisse Leichtigkeit
ist ihm
wie einem Vogel
geblieben.

*

Du aber
der Du ihm
auf jeder Straße begegnest,
der Du mit ihm
das Brot brichst,
bücke Dich und streichle,
ohne es zu knicken,
das zarte Moos am Boden
oder ein kleines Tier,
ohne daß es zuckt
vor Deiner Hand.
Lege sie schützend
auf den Kopf eines Kinds,
lasse sie küssen
von dem zärtlichen Mund
der Geliebten,
oder halte sie

wie unter einen Kranen
unter das fließende Gold
der Nachmittagssonne,
damit sie transparent wird
und gänzlich untauglich
zu jedem Handgriff
beim Bau
von Stacheldrahthöllen,
öffentlichen
oder intimen,
und damit sie nie,
wenn die Panik
ihre schlimmen Waffen verteilt,
»Hier« ruft,
und nie
die große eiserne
Rute zu halten bekommt,
die durch die andere Form
hindurchfährt
wie durch Schaum.
Und daß sie Dir nie,
an keinem Abend,
nach Hause kommt
wie ein Jagdhund
mit einem Fasan
oder einem kleinen Hasen
als Beute seines Instinkts
und Dir die Haut
eines Du
auf den Tisch legt.

Damit,
wenn am letzten Tag
sie vor Dir
auf der Bettdecke liegt,
wie eine blasse Blume
so matt
aber nicht ganz so leicht
und nicht ganz so rein,
sondern wie eine Menschenhand,
die befleckt
und gewaschen wird
und wieder befleckt,

Du ihr dankst
und sagst
Lebe wohl,
meine Hand.
Du warst ein liebendes
Glied
zwischen mir und der Welt.

Vinalhaven, 1953

Karl Krolow

Heute noch

Heute kann ich dich ruhig
Schlafen gehen lassen,
Während ich mit einigen Männern
Noch eine Weile in der Straße
Den Mond betrachte.
Langsam wird er sich
Vor unseren Augen verändern,
Da der Zyklon sich nähert.

Wenn es mir gelänge,
Die Hunde zu überhören,
Die sich in der Ferne
Um die ersten Toten zanken!
Ihr Gebell hat schon das heisere Metall,
Das auch in unseren Stimmen sein wird,
Morgen,
Wenn die verbrannten Gesichter
Aus den Fenstern hängen
Und die blauen Silben des Wassers
Zu roten Buchstaben zerfallen.

Elisabeth Borchers

Genug davon

Die letzten Sterne fallen aus
die Pappeln ziehen fort
das Gras bleibt grundlos treu

Die Lichter werden nicht mehr warm
der Schlaf ist kahl geschoren
und weiße Möwen sind nun schwarze Raben

Das alles ist ein Kinderspiel
ich kenn mich aus in Kinderspielen

Es brennt es brennt

WALTER HELMUT FRITZ

Fesselung

Es ist zuerst nur
eine Linie am Horizont.

Eine zweite kommt hinzu,
sie ist schon näher.

Bald erkennt man
die Linien überall.

Sie ziehen sich
rasch zusammen.

Zu spät merkt man,
daß es kein Entkommen gibt.

GÜNTER EICH

Nachhut

Steh auf, steh auf!
Wir werden nicht angenommen,
die Botschaft kam mit dem Schatten der Sterne.

Es ist Zeit, zu gehen wie die andern.
Sie stellten ihre Straßen und leeren Häuser
unter den Schutz des Mondes. Er hat wenig Macht.

Unsere Worte werden von der Stille aufgezeichnet.
Die Kanaldeckel heben sich um einen Spalt.
Die Wegweiser haben sich gedreht.

Wenn wir uns erinnerten an die Wegmarken der Liebe,
ablesbar auf Wasserspiegeln und im Wehen des Schnees!
Komm, ehe wir blind sind!

INGEBORG BACHMANN

Anrufung des Großen Bären

Großer Bär, komm herab, zottige Nacht,
Wolkenpelztier mit den alten Augen,
Sternenaugen,
durch das Dickicht brechen schimmernd
deine Pfoten mit den Krallen,
Sternenkrallen,
wachsam halten wir die Herden,
doch gebannt von dir, und mißtrauen
deinen müden Flanken und den scharfen
halbentblößten Zähnen,
alter Bär.

Ein Zapfen: eure Welt.
Ihr: die Schuppen dran.
Ich treib sie, roll sie
von den Tannen im Anfang
zu den Tannen am Ende,
schnaub sie an, prüf sie im Maul
und pack zu mit den Tatzen.

Fürchtet euch oder fürchtet euch nicht!
Zahlt in den Klingelbeutel und gebt
dem blinden Mann ein gutes Wort,
daß er den Bären an der Leine hält.
Und würzt die Lämmer gut.

's könnt sein, daß dieser Bär
sich losreißt, nicht mehr droht
und alle Zapfen jagt, die von den Tannen
gefallen sind, den großen, geflügelten,
die aus dem Paradiese stürzten.

Hans Egon Holthusen

Variationen über Zeit und Tod (VII)

Wie das ertragen, diesen lautlosen Andrang der Ewigkeit,
Wie halten wir's aus, mitten in der Stadt, unter tausend
                          eiligen Leuten,
Nachmittags gegen halb fünf, die Abendzeitung in der
                          Manteltasche,
Vor uns ein kleines Geschäft, das in der Benommenheit unsrer
                          Gehirne
Wie eine grüne Verkehrsampel brennt unterm Nebel!
Wer bewahrt uns vor einer raschen Verwandlung der Szene
                          ins Tödliche:
Maschinengewehre anstelle von Preßluftbohrern und Auf-
                          ständische im Telegraphenamt,
Handgranaten in ein Fenster fallend, und wer nach sechs auf
                          den Posten trifft,
Wird verflucht und an die Wand gestellt.

Hans Magnus Enzensberger

abendnachrichten

massaker um eine handvoll reis,
höre ich, für jeden an jedem tag
eine handvoll reis: trommelfeuer
auf dünnen hütten, undeutlich
höre ich es, beim abendessen.

auf den glasierten ziegeln
höre ich reiskörner tanzen,
eine handvoll, beim abendessen,
reiskörner auf meinem dach:
den ersten märzregen, deutlich.

VOLKER BRAUN

Der ferne Krieg

Sechs Kilometer von meinem Zimmer
Hinter einem Kanal, einem Grenzverhau
Wenigen kurzen Straßen, dünnem
Gesträuch die stille Fabrik in Britz
Deutlich der Rauch
                                    Fern
Nicht auszumachen am Himmel
Mit bloßen Händen, man sagt:
Ein Regen trüber Abkunft, fast
Unaufhaltbar dort, falln
Sprühstoffe leicht in das Feld
Und das Laub
Vietnams: schon
Undeutlich wie ein Gerücht.

HANS MAGNUS ENZENSBERGER

ins lesebuch für die oberstufe

lies keine oden, mein sohn, lies die fahrpläne:
sie sind genauer. roll die seekarten auf,
eh es zu spät ist. sei wachsam, sing nicht.
der tag kommt, wo sie wieder listen ans tor
schlagen und malen den neinsagern auf die brust
zinken. lern unerkannt gehn, lern mehr als ich:
das viertel wechseln, den paß, das gesicht.
versteh dich auf den kleinen verrat,
die tägliche schmutzige rettung. nützlich
sind die enzykliken zum feueranzünden,
die manifeste: butter einzuwickeln und salz
für die wehrlosen. wut und geduld sind nötig,
in die lungen der macht zu blasen
den feinen tödlichen staub, gemahlen
von denen, die viel gelernt haben,
die genau sind, von dir.

Ein Wurm hängt am Angelhaken.
Ein Fisch beißt den Wurm.
Der Fisch beißt auch den Angelhaken.
Die Angel zieht den Fisch.
Nun hängt der Fisch an der Angel.
Die Angel zieht ihn in die Luft.
Der Fisch stirbt in der Luft.
Die Angel stirbt den Fisch:
Ein neuer Wurm hängt am Angelhaken.
Ein neuer Fisch beißt den neuen Wurm.
Und neues Leben blüht aus den Ruinen.

Die Sonette an Orpheus

XXV

Schon, horch, hörst du der ersten Harken
Arbeit; wieder den menschlichen Takt
in der verhaltenen Stille der starken
Vorfrühlingserde. Unabgeschmackt

scheint dir das Kommende. Jenes so oft
dir schon Gekommene scheint dir zu kommen
wieder wie Neues. Immer erhofft,
nahmst du es niemals. Es hat dich genommen.

Selbst die Blätter durchwinterter Eichen
scheinen im Abend ein künftiges Braun.
Manchmal geben sich Lüfte ein Zeichen.

Schwarz sind die Sträucher. Doch Haufen von Dünger
lagern als satteres Schwarz in den Aun.
Jede Stunde, die hingeht, wird jünger.

Rainer Maria Rilke

Jetzt reifen schon die roten Berberitzen,
alternde Astern atmen schwach im Beet.
Wer jetzt nicht reich ist, da der Sommer geht,
wird immer warten und sich nie besitzen.

Wer jetzt nicht seine Augen schließen kann,
gewiß, daß eine Fülle von Gesichten
in ihm nur wartet, bis die Nacht begann,
um sich in seinem Dunkel aufzurichten: –
der ist vergangen wie ein alter Mann.

Dem kommt nichts mehr, dem stößt kein Tag mehr zu,
und alles lügt ihn an, was ihm geschieht;
auch du, mein Gott. Und wie ein Stein bist du,
welcher ihn täglich in die Tiefe zieht.

Terzinen I Über Vergänglichkeit

Noch spür ich ihren Atem auf den Wangen:
Wie kann das sein, daß diese nahen Tage
Fort sind, für immer fort, und ganz vergangen?

Dies ist ein Ding, das keiner voll aussinnt,
Und viel zu grauenvoll, als daß man klage:
Daß alles gleitet und vorüberrinnt.

Und daß mein eigenes Ich, durch nichts gehemmt,
Herüberglitt aus einem kleinen Kind
Mir wie ein Hund unheimlich stumm und fremd.

Dann: daß ich auch vor hundert Jahren war
Und meine Ahnen, die im Totenhemd,
Mit mir verwandt sind wie mein eignes Haar,

So eins mit mir als wie mein eignes Haar.

Hugo von Hofmannsthal

Weltgeheimnis

Der tiefe Brunnen weiß es wohl,
Einst waren alle tief und stumm,
Und alle wußten drum.

Wie Zauberworte, nachgelallt
Und nicht begriffen in den Grund,
So geht es jetzt von Mund zu Mund.

Der tiefe Brunnen weiß es wohl;
In den gebückt, begriffs ein Mann,
Begriff es und verlor es dann.

Und redet' irr und sang ein Lied –
Auf dessen dunklen Spiegel bückt
Sich einst ein Kind und wird entrückt.

Und wächst und weiß nichts von sich selbst
Und wird ein Weib, das einer liebt
Und – wunderbar wie Liebe gibt!

Wie Liebe tiefe Kunde gibt! –
Da wird an Dinge, dumpf geahnt,
In ihren Küssen tief gemahnt ...

In unsern Worten liegt es drin
So tritt des Bettlers Fuß den Kies,
Der eines Edelsteins Verlies.

Der tiefe Brunnen weiß es wohl,
Einst aber wußten alle drum,
Nun zuckt im Kreis ein Traum herum.

RUDOLF BORCHARDT

Pargoletta

Das Haus ist zwischen tiefen Hecken
Auf einen wilden Stein gebaut,
Die steilen Lilien verstecken
Es Nacht und Tag vor jedem Laut –

Das Land, durch dessen stumme Pforten
Der Fremde geht mit bangem Sinn,
Bequemt sich tief geheimen Worten:
Ein Kind ist dort die Königin.

Sie geht durch Tau und grüne Wiesen
Im Winde, der sie laut umstreicht,
Von dunklem Stahle voll Türkisen
Die alte Krone trägt sie leicht,

Und so von Stahl gefügte Spangen
Umgeben ihre stille Hand,
Als wäre selber sie gefangen
In ihrem sagenhaften Land.

Sie scheint im Lauschen vorgebogen
Zu Sprüchen, die im Boden ruhn,

Der Mund, geheimnisvoll gezogen,
Schweigt Liebliches, wie Blumen tun.

Auf ihre großen Augen hangen
Die Wimpern feierlich gesenkt,
Die lächelnd unbewegten Wangen
Sind des der geht, und Süßes denkt:

So schön hat sie den Bann bezwungen,
Der sich um ihre Hände flicht:
Ein Lied ist über ihr gesungen,
Sie sucht sich, und sie kennt sich nicht.

Darum ist ihr die Welt versiegelt,
Vor jedem Eingang ist ein Stein,
Der Tiefblick ihrer Augen spiegelt
Ihr nichts zurück von wahrem Sein.

In einem tiefen Schlafe geht sie
Durch einen zugewachsenen Hag,
Wie die vergessene Kerze weht sie
Loh ohne Licht an mitten Tag.

Du brauchst die Spur nicht erst zu finden
Drauf sie so versunken glitt:
Vorauf gesandte Tauben binden
Schon deinen Schritt an ihren Schritt,

Ziehn dich hinein in die Legende,
Dich und den vorgeschriebenen Stein, –
Es schließen deine beiden Hände
Die Geisterglut des Lebens ein –

O nicht umsonst die rechten Worte
Vertraute dir der Mund im Traum,
Der Zeigefinger vor dem Horte –
Sie wird sich, und sie weiß es kaum

In einem tiefen Blick erkennen,
Wenn der Rubin den Bann zerreißt,
Und deinen Namen wird sie nennen,
Wenn du das eine Wort noch weißt.

Dann springen die verbotenen Türen:
Die Wiederkunft wird offenbar,
Aus Grüften wird der Engel führen
Den Stier, den Löwen und den Aar,

Ein Winterstern auf Erden walten, –
Aus Duft und Stille aufgenäht
Mit deiner Glut und ihrer schalten
Die Flamme, hausend auf dem Herd.

KONRAD WEISS

Aktäon

Wer so mit Schallen bläst,
es sinkt das Glück
des Jagens nicht ins Herz zurück,
ein Odem, der an Wälder stößt
und wiederkehrt und unerlöst
gebiert es Stück für Stück.

Jungfrau zu dir gesinnt,
die sein Verlies
mit Macht aufbrach und ihn verstieß,
die Hindin ist allzu geschwind,
es braust, die Seele hebt ein Wind,
er will doch nichts als dies:

Die Eile nicht, die Flucht,
die Beute nicht,
nichts als wie ihn dein Angesicht
gleich einem Blitz in dunkler Schlucht
in seines Sturzes kranker Wucht
verwurzelt und verflicht.

Der Horcher, wann es lockt,
von wannen tief
das Echo, das zu kommen rief,
das, wenn des Jagens Fuß ihm stockt,
Ruf immer weiter klingt und lockt,
der niemals wieder schlief,

er wendet, wendet nicht
von reiner Qual
ihm ausgetan im Erdensaal,
wer bricht dies eingeborene Licht,
es trägt den Schall an Wälder dicht
der Jäger ohne Wahl.

Nun sieht er, wie es kreist
im vollen Rund,
als sei mit reinem Glockenmund
sein Herz und sein Verlies gespeist,
mit Macht, die ihn von dannen reißt
zum unlösbaren Bund.

Noch horcht er auf den Ton,
noch steht er still,
ein Baum, der sich entschälen will,
ein Hirsch umringt von Wassers Drohn,
in einem Blitz ein kaltes Lohn,
ein Halten und kein Ziel.

Der Meute ist er frei,
der jetzt verzagt,
der seinen Blick zum Grund gewagt,
er ist im reinen Ton entzwei,
er trägt den Blitz wie ein Geweih,
nun wird er selbst gejagt.

STEFAN GEORGE

Wir schreiten auf und ab im reichen flitter
des buchenganges beinah bis zum tore
Und sehen außen in dem feld vom gitter
den mandelbaum zum zweitenmal im flore.

Wir suchen nach den schattenfreien bänken
Dort wo uns niemals fremde stimmen scheuchten·
In träumen unsre arme sich verschränken·
Wir laben uns am langen milden leuchten

Wir fühlen dankbar wie zu leisem brausen
Von wipfeln strahlenspuren auf uns tropfen
Und blicken nur und horchen wenn in pausen
Die reifen früchte an den boden klopfen.

RUDOLF BORCHARDT

Die September-Sonette

I
Vom Tage nährt sich schon die Nacht verstohlen;
Schlaflose Stürme laufen in den Gärten
Und holen mich auf ihre blassen Fährten.
Ich binde mir die Flügel an die Sohlen
Und bin hinaus – (doch träum ich wohl). Mich holen
In ihre Reigen andere Gefährten –
Wo sah ich sie, die sich gleich Sternen mehrten
An heißen Abenden? – Ein Atemholen

Und alles hin, wie Duft. Ich bin ganz wach
Und weiß, ich geh, und sag: »Noch heute nur!«
Von Stunden ein verfließendes Gesind
Schwebt tönend fort durch Kammer, Tor und Flur.
Ich spüre vom erhobenen Gemach
Atmende Nacht und Bäume ohne Wind.

II
Atmende Nacht und Bäume ohne Wind
Verführen mich, an deinen Mund zu denken,
Und daß die Pferde, mich hinweg zu lenken,
Schon vor den Wagen angebunden sind;
Daß alles uns verließ, wie Wasser rinnt,
Daß von dem Lieblichsten, was wir uns schenken,
Nichts bleiben kann und weniges gedenken:
Blick, Lächeln, Hand und Wort und Angebind;

Und daß ich so einsam bekümmert liege,
Und dir so fern, wie du mir fern geblieben –
Die Silberdünste, die den Mond umflügeln,
Sind ihm so ferne nicht als ich dir fliege,
So ferne Morgenrot nicht Morgenhügeln,
Als diese Lippen deinen, die sie lieben.

Irgendwo

Blüht wohl ein Wein
  Fern irgendwo:
Fern duftet Wein,
  Wir trinken ihn nicht.
Ich sah dich wohl, ich kannte dich wohl,
  Ich seh und kenne dich nicht.

War wohl ein Sommer:
  Fern irgendwo,
Fern blühten Sommer
  Und Sommertag.
Und kenn ich dich nimmer, ich kannte dich wohl,
  Ich kannte dich Nacht und Tag.

Die Nacht: ich sehe
  Fern irgendwo
Die Nacht; ich sehe
  Und seh sie nicht;
Da duftet Wein, und tranken wir wohl:
  Von dem Wein tranken wir nicht.

Läuft um, die Welt,
  Fern irgendwo
Läuft Welt um Welt
  Und verläuft doch nicht;
Und Jahr zu Jahren findet sich wohl
  Und Herz zu Herzen nicht.

Das Jahr bringt Sommer
  Fern irgendwo,
Fern Jahr bringt Sommer
  Und Sommertag;
Fern Herz zu Herzen findet sich wohl,
  Wohl finden sich Tag zu Tag.

Fern duftet Wein:
  Fern irgendwo
Blüht wohl ein Wein,
  Den trinken wir nicht.
Ich sah dich wohl, ich kannte dich wohl;
  Ich seh und ich kenne dich nicht.

WERNER BERGENGRUEN

Leben eines Mannes

Gestern fuhr ich Fische fangen,
Heut bin ich zum Wein gegangen,
– Morgen bin ich tot –
Grüne, goldgeschuppte Fische,
Rote Pfützen auf dem Tische,
Rings um weißes Brot.

Gestern ist es Mai gewesen,
Heute wolln wir Verse lesen,
Morgen wolln wir Schweine stechen,
Würste machen, Äpfel brechen,
Pfundweis alle Bettler stopfen
Und auf pralle Bäuche klopfen,
– Morgen bin ich tot –
Rosen setzen, Ulmen pflanzen,
Schlittenfahren, fastnachtstanzen,
Netze flicken, Lauten rühren,
Häuser bauen, Kriege führen,
Frauen nehmen, Kinder zeugen,
Übermorgen Kniee beugen,
Übermorgen Knechte löhnen,
Übermorgen Gott versöhnen –
Morgen bin ich tot.

GEORG VON DER VRING

Nachtstunde

Nun ist kein Licht den Wolken
Mehr abzulesen.
Schatten wandern flußüber
Und sind gewesen.

Wir schwinden wie sie. Der Abend
Verspielt seine Bläue.
Nicht lange mehr, und die Nacht fragt,
Wen noch was freue.

Antworte nicht. Es wird sich
Nichts mehr ändern.
All die noch faßbaren Tropfen
An den Geländern

Deutens ja nicht, daß Tränen
Der Bitternis licht sind:
Geglitzer im Schwarm von Augen,
Die sind oder nicht sind.

ELSE LASKER-SCHÜLER

Versöhnung

Es wird ein großer Stern in meinen Schoß fallen...
Wir wollen wachen die Nacht,

In den Sprachen beten,
Die wie Harfen eingeschnitten sind.

Wir wollen uns versöhnen die Nacht –
So viel Gott strömt über.

Kinder sind unsere Herzen,
Die möchten ruhen müdesüß.

Und unsere Lippen wollen sich küssen,
Was zagst du?

Grenzt nicht mein Herz an deins –
Immer färbt dein Blut meine Wangen rot.

Wir wollen uns versöhnen die Nacht,
Wenn wir uns herzen, sterben wir nicht.

Es wird ein großer Stern in meinen Schoß fallen.

Else Lasker-Schüler

Ein alter Tibetteppich

Deine Seele, die die meine liebet,
Ist verwirkt mit ihr im Teppichtibet.

Strahl in Strahl, verliebte Farben,
Sterne, die sich himmellang umwarben.

Unsere Füße ruhen auf der Kostbarkeit,
Maschentausendabertausendweit.

Süßer Lamasohn auf Moschuspflanzenthron,
Wie lange küßt dein Mund den meinen wohl
Und Wang die Wange buntgeknüpfte Zeiten schon?

Alfred Mombert

ALLES ist hier.
Hier sind Berge, sind ziehende Wolken.
Viele Seen, weite Frucht-Ebenen.

Alles ist hier.
Wälder, Wald-Wiesen, liebliche Weiden.
Täler voll Vogelsang.

Und hier steht mein Zelt:
Bei einem klaren Brunnen
rein erbaut aus Element:
Aus Äther, Meer, aus Licht;
aus Geist des Menschen.
Da wehen die Winde.
Veilchen und Tulpen beblühen seinen Strand.

Drinnen sitze ich nachts.
Dann ruht die Mond-Sichel
silbernfromm auf meiner Schulter.
Bei mir sitzt die himmlische Tänzerin.
Vollendet ist die Zeit in meinem Herzen.
Draußen ist der Gesang aller Sänger der Welt.

ERNST WILHELM LOTZ

Wir fanden Glanz

Wir fanden Glanz, fanden ein Meer, Werkstatt und uns.
Zur Nacht, eine Sichel sang vor unserm Fenster.
Auf unsern Stimmen fuhren wir hinauf,
Wir reisten Hand in Hand.
An deinen Haaren, helles Fest im Morgen,
Irr flogen Küsse hoch
Und stachen reifen Wahnsinn in mein Blut.
Dann dursteten wir oft an wunden Brunnen,
Die Türme wehten stählern in dem Land.
Und unsre Schenkel, Hüften, Raubtierlenden
Stürmten durch Zonen, grünend vor Gerüchen.

AUGUST STRAMM

Verabredung

Der Torweg fängt mit streifen Bändern ein
mein Stock schilt
klirr
den frechgespreizten Prellstein
das Kichern
schrickt
durch Dunkel
trügeneckend
in
warmes Beben
stolpern
hastig
die Gedanken.
Ein schwarzer Kuß
stiehlt scheu zum Tor hinaus
flirr
der Laternenschein
hellt
nach
ihm
in die Gasse

ALBERT EHRENSTEIN

Heimkehr

Wo sind deine alten Wellen, o Fluß,
Und wo sind euere runden Blätter,
Ihr Akazienbäume der Jugend,
Und wo der frische Schnee
Der entwanderten Winter?
Heim kehr ich und finde nicht heim.
Es haben die Häuser sich anders gekleidet,
Schamlos versammelt sind sie
Zu unkenntlichen Straßen,
Es haben die Zopf tragenden
Mädchen meiner scheuesten Liebe
Kinder bekommen.

ILSE AICHINGER

Breitbrunn

Es neigen sich
die Tage der Kindheit
den späten Tagen zu.
Und fragst du nach der Heimat,
so sagen alle, die blieben:
Das Gras ist gewachsen.
Aber nichts davon,
daß die gewundenen Wege
die Hügel hinab
aufstanden und seufzten.
Ehe sie sterben,
ziehen die Pfarrer
in andere Dörfer.

FRANZ WERFEL

Fremde sind wir auf der Erde Alle

Tötet euch mit Dämpfen und mit Messern,
Schleudert Schrecken, hohe Heimatworte,
Werft dahin um Erde euer Leben!

Die Geliebte ist euch nicht gegeben.
Alle Lande werden zu Gewässern,
Unterm Fuß zerrinnen euch die Orte.

Mögen Städte aufwärts sich gestalten,
Niniveh, ein Gottestrotz von Steinen!
Ach es ist ein Fluch in unserm Wallen:
Flüchtig muß vor uns das Feste fallen,
Was wir halten, ist nicht mehr zu halten,
Und am Ende bleibt uns nichts als Weinen.

Berge sind und Flächen sind geduldig,
Staunen, wie wir auf- und niederweichen.
Fluß wird alles, wo wir eingezogen.
Wer zum Stein noch Mein sagt, ist betrogen.
Schuldvoll sind wir, und uns selber schuldig,
Unser Teil ist: Schuld, sie zu begleichen!

Mütter leben, daß sie uns entschwinden.
Und das Haus ist, daß es uns zerfalle.
Selige Blicke, daß sie uns entfliehen.
Selbst der Schlag des Herzens ist geliehen,
Fremde sind wir auf der Erde Alle,
Und es stirbt, womit wir uns verbinden.

GOTTFRIED BENN

Abschied

Du füllst mich an wie Blut die frische Wunde
und rinnst hernieder seine dunkle Spur,
du dehnst dich aus wie Nacht in jener Stunde,
da sich die Matte färbt zur Schattenflur,
du blühst wie Rosen schwer in Gärten allen,
du Einsamkeit aus Alter und Verlust,
du Überleben, wenn die Träume fallen,
zuviel gelitten und zuviel gewußt.

Entfremdet früh dem Wahn der Wirklichkeiten,
versagend sich der schnell gegebenen Welt,
ermüdet von dem Trug der Einzelheiten,
da keine sich dem tiefen Ich gesellt;

nun aus der Tiefe selbst, durch nichts zu rühren,
und die kein Wort und Zeichen je verrät,
mußt du dein Schweigen nehmen, Abwärtsführen
zu Nacht und Trauer und den Rosen spät.

Manchmal noch denkst du dich –: die eigene Sage –:
das warst du doch –? ach, wie du dich vergaßt!
war das dein Bild? war das nicht deine Frage,
dein Wort, dein Himmelslicht, das du besaßt?
Mein Wort, mein Himmelslicht, dereinst besessen,
mein Wort, mein Himmelslicht, zerstört, vertan –
wem das geschah, der muß sich wohl vergessen
und rührt nicht mehr die alten Stunden an.

Ein letzter Tag –: spätglühend, weite Räume,
ein Wasser führt dich zu entrücktem Ziel,
ein hohes Licht umströmt die alten Bäume
und schafft im Schatten sich ein Widerspiel,
von Früchten nichts, aus Ähren keine Krone
und auch nach Ernten hat er nicht gefragt –
er spielt sein Spiel, und fühlt sein Licht und ohne
Erinnern nieder – alles ist gesagt.

Rainer Maria Rilke

Die achte Duineser Elegie

Mit allen Augen sieht die Kreatur
das Offene. Nur unsre Augen sind
wie umgekehrt und ganz um sie gestellt
als Fallen, rings um ihren freien Ausgang.

Was draußen *ist*, wir wissen's aus des Tiers
Antlitz allein; denn schon das frühe Kind
wenden wir um und zwingen's, daß es rückwärts
Gestaltung sehe, nicht das Offne, das
im Tiergesicht so tief ist. Frei von Tod.
Ihn sehen wir allein; das freie Tier
hat seinen Untergang stets hinter sich
und vor sich Gott, und wenn es geht, so geht's
in Ewigkeit, so wie die Brunnen gehen.

Wir haben nie, nicht einen einzigen Tag,
den reinen Raum vor uns, in den die Blumen
unendlich aufgehn. Immer ist es Welt
und niemals Nirgends ohne Nicht: das Reine,
Unüberwachte, das man atmet und
unendlich *weiß* und nicht begehrt. Als Kind
verliert sich eins im Stilln an dies und wird
gerüttelt. Oder jener stirbt und *ist's*.

Denn nah am Tod sieht man den Tod nicht mehr
und starrt *hinaus*, vielleicht mit großem Tierblick.
Liebende, wäre nicht der andre, der
die Sicht verstellt, sich nah daran und staunen ...
Wie aus Versehn ist ihnen aufgetan
hinter dem andern ... Aber über ihn
kommt keiner fort, und wieder wird ihm Welt.
Der Schöpfung immer zugewendet, sehn
wir nur auf ihr die Spiegelung des Frein,
von uns verdunkelt. Oder daß ein Tier,
ein stummes, aufschaut, ruhig durch uns durch.
Dieses heißt Schicksal: gegenüber sein
und nichts als das, und immer gegenüber.

Wäre Bewußtheit unsrer Art in dem
sicheren Tier, das uns entgegenzieht
in anderer Richtung –, riß' es uns herum
mit seinem Wandel. Doch sein Sein ist ihm
unendlich, ungefaßt und ohne Blick
auf seinen Zustand, rein, so wie sein Ausblick.
Und wo wir Zukunft sehn, dort sieht es Alles
und sich in Allem und geheilt für immer.

Und doch ist in dem wachsam warmen Tier
Gewicht und Sorge einer großen Schwermut.
Denn ihm auch haftet immer an, was uns
oft überwältigt, – die Erinnerung,
als sei schon einmal das, wonach man drängt,
näher gewesen, treuer und sein Anschluß
unendlich zärtlich. Hier ist alles Abstand,
und dort war's Atem. Nach der ersten Heimat
ist ihm die zweite zwitterig und windig.

O Seligkeit der *kleinen* Kreatur,
die immer *bleibt* im Schooße, der sie austrug;

o Glück der Mücke, die noch *innen* hüpft,
selbst wenn sie Hochzeit hat: denn Schooß ist Alles.
Und sieh die halbe Sicherheit des Vogels,
der beinah beides weiß aus seinem Ursprung,
als wär er eine Seele der Etrusker,
aus einem Toten, den ein Raum empfing,
doch mit der ruhenden Figur als Deckel.

Und wie bestürzt ist eins, das fliegen muß
und stammt aus einem Schooß. Wie vor sich selbst
erschreckt, durchzuckt's die Luft, wie wenn ein Sprung
durch eine Tasse geht. So reißt die Spur
der Fledermaus durchs Porzellan des Abends.

Und wir: Zuschauer, immer, überall,
dem allen zugewandt und nie hinaus!
Uns überfüllt's. Wir ordnen's. Es zerfällt.
Wir ordnen's wieder und zerfallen selbst.

Wer hat uns also umgedreht, daß wir,
was wir auch tun, in jener Haltung sind
von einem, welcher fortgeht? Wie er auf
dem letzten Hügel, der ihm ganz sein Tal
noch einmal zeigt, sich wendet, anhält, weilt –,
so leben wir und nehmen immer Abschied.

RAINER MARIA RILKE

Ausgesetzt auf den Bergen des Herzens. Siehe, wie klein dort,
siehe: die letzte Ortschaft der Worte, und höher,
aber wie klein auch, noch ein letztes
Gehöft von Gefühl. Erkennst du's?
Ausgesetzt auf den Bergen des Herzens. Steingrund
unter den Händen. Hier blüht wohl
einiges auf; aus stummem Absturz
blüht ein unwissendes Kraut singend hervor.
Aber der Wissende? Ach, der zu wissen begann
und schweigt nun, ausgesetzt auf den Bergen des Herzens.
Da geht wohl, heilen Bewußtseins,
manches umher, manches gesicherte Bergtier,
wechselt und weilt. Und der große geborgene Vogel
kreist um der Gipfel reine Verweigerung. – Aber
ungeborgen, hier auf den Bergen des Herzens …

NELLY SACHS

So einsam ist der Mensch

So einsam ist der Mensch
sucht gen Osten
wo die Melancholia im Dämmerungsgesicht erscheint

Rot ist der Osten vom Hähnekrähen

O höre mich –

In der Löwensucht
und im peitschenden Blitz des Äquators
zu vergehn

O höre mich –

Mit den Kindergesichtern der Cherubim zu verwelken
am Abend

O höre mich –

Im blauen Norden der Windrose
wachend zur Nacht
schon eine Knospe Tod auf den Lidern

so weiter zur Quelle –

ELSE LASKER-SCHÜLER

Mein blaues Klavier

Ich habe zu Hause ein blaues Klavier
Und kenne doch keine Note.

Es steht im Dunkel der Kellertür,
Seitdem die Welt verrohte.

Es spielen Sternenhände vier
– Die Mondfrau sang im Boote –
Nun tanzen die Ratten im Geklirr.

Zerbrochen ist die Klaviatür ...
Ich beweine die blaue Tote.

Ach liebe Engel öffnet mir
– Ich aß vom bitteren Brote –
Mir lebend schon die Himmelstür –
Auch wider dem Verbote.

CHRISTINE LAVANT

ALTER Schlaf, wo hast du deine Söhne?
Junge, starke Söhne sollst du haben,
solche Kerle, die noch mehr vermögen
als bloß kommen und die Lampe löschen.

Einer soll zu meiner Angst sich legen,
einer sich auf meine Sehnsucht knien,
feste Fäuste müssen beide haben,
daß die Nachbarn keine Schreie hören.

Was willst du in meine Augen streuen?
Sand? – Ich lache! – eine ganze Wüste
kann ich dir für solche Augen schenken,
die damit sich schon zufriedengeben.

Meine, weißt du, sind zwei Feuersäulen,
einmal wird der Himmel davon brennen!
Aber vorher möcht ich endlich schlafen.
Alter, Alter, hast du keine Söhne?

ELSE LASKER-SCHÜLER

Gebet

Ich suche allerlanden eine Stadt,
Die einen Engel vor der Pforte hat.
Ich trage seinen großen Flügel
Gebrochen schwer am Schulterblatt
Und in der Stirne seinen Stern als Siegel.

Und wandle immer in die Nacht . . .
Ich habe Liebe in die Welt gebracht –
Daß blau zu blühen jedes Herz vermag,
Und hab ein Leben müde mich gewacht,
In Gott gehüllt den dunklen Atemschlag.

O Gott, schließ um mich deinen Mantel fest;
Ich weiß, ich bin im Kugelglas der Rest,
Und wenn der letzte Mensch die Welt vergießt,
Du mich nicht wieder aus der Allmacht läßt
Und sich ein neuer Erdball um mich schließt.

Else Lasker-Schüler

Ich weiß

Ich weiß, daß ich bald sterben muß
Es leuchten doch alle Bäume
Nach langersehntem Julikuß –

Fahl werden meine Träume –
Nie dichtete ich einen trüberen Schluß
In den Büchern meiner Reime.

Eine Blume brichst du mir zum Gruß –
Ich liebte sie schon im Keime.
Doch ich weiß, daß ich bald sterben muß.

Mein Odem schwebt über Gottes Fluß –
Ich setze leise meinen Fuß
Auf den Pfad zum ewigen Heime.

Günter Bruno Fuchs

Für ein Kind

Ich habe gebetet. So nimm von der Sonne und geh.
Die Bäume werden belaubt sein.
Ich habe den Blüten gesagt, sie mögen dich schmücken.

Kommst du zum Strom, da wartet ein Fährmann.
Zur Nacht läutet sein Herz übers Wasser.
Sein Boot hat goldene Planken, das trägt dich.

Die Ufer werden bewohnt sein.
Ich habe den Menschen gesagt, sie mögen dich lieben.
Es wird dir einer begegnen, der hat mich gehört.

JOHANNES POETHEN

»So nimm von der sonne und geh«
durch jede verflüchtigung rückwärts.

Entsage dem salz

Seinem aufgang im gaumen
seinem lauteren hagel
all seiner schwere über den poren
und der kristallnen erlösung seiner blitze.

Entsage

Wirf auch das sonnenstück von dir
wirf dich selbst dazu auf halbem weg

Damit dein schatten allein weiter gehe.
(für G.B.F.)

PETER HÄRTLING

Beispiele

die sanftmut
einer schnecke
die von YAMINS schuh zertreten wird

das schweigen
eines vogels
der von YAMINS klage erschreckt wird

der song
eines negers
der von YAMINS poem verhöhnt wird

die kraft
einer kerze
die YAMINS atem auslöscht

die geduld
des wassers
das von YAMINS unruh geschlagen wird

die dauer
des grases
in dem YAMIN liegt

PETER HÄRTLING

Kostbar

auf der zerbrochenen flöte
tanzt der staub
in den büchern
treffen sich die herren

diener verblasen was kostbar war

HERMANN HESSE

Knarren eines geknickten Astes
(Zweite Fassung)

Splittrig geknickter Ast,
Hangend schon Jahr um Jahr,
Trocken knarrt er im Wind sein Lied,
Ohne Laub, ohne Rinde,
Kahl, fahl, zu langen Lebens,
Zu langen Sterbens müd.
Hart klingt und zäh sein Gesang,
Klingt trotzig, klingt bang
Noch einen Sommer, einen Winter lang.

YVAN GOLL

Schnee-Masken

Es hat der Schnee über Nacht
Meine Totenmaske gemacht

Weiß war das Lachen des Schnees
Und meinen Schatten verwandelt
Er in ein Fastnachtsgewand

Ein Sturm von goldnen Triangeln
Hat plötzlich die tönende Stadt
Gehoben aus all ihren Angeln

Im tausendjährigen Licht
Wurden die Türme der Zeit
Von ihren Ankern befreit

Der Schnee hat über Nacht
Mein Traumgesicht wahrgemacht

PAUL CELAN

Allerseelen

Was hab ich
getan?
Die Nacht besamt, als könnt es
noch andere geben, nächtiger als
diese.

Vogelflug, Steinflug, tausend
beschriebene Bahnen. Blicke,
geraubt und gepflückt. Das Meer,
gekostet, vertrunken, verträumt. Eine Stunde,
seelenverfinstert. Die nächste, ein Herbstlicht,
dargebracht einem blinden
Gefühl, das des Wegs kam. Andere, viele,
ortlos und schwer aus sich selbst: erblickt und umgangen.
Findlinge, Sterne,
schwarz und voll Sprache: benannt
nach zerschwiegenem Schwur.

Und einmal (wann? auch dies ist vergessen):
den Widerhaken gefühlt,
wo der Puls den Gegentakt wagte.

YVAN GOLL

Stunden

Wasserträgerinnen
Hochgeschürzte Töchter
Schreiten schwer herab die Totenstraße
Auf den Köpfen wiegend
Einen Krug voll Zeit
Eine Ernte ungepflückter Tropfen
Die schon reifen auf dem Weg hinab
Wasserfälle Flüsse Tränen Nebel Dampf
Immer geheimere Tropfen immer kargere Zeit
Schattenträgerinnen
Schon vergangen schon verhangen
Ewigkeit

PAUL ZECH

Schwarz ... schwer ...

Ich muß tief nachdenken,
Wohin diese Nacht fällt ... schwarz ... schwer ...
Dieser Regen ... schwarz ... schwer ... wohin in das Meer
Schwarz ... schwer ... mich die Tropfen versenken.

Schwarz ... schwer ... an die Wände
Klopft irgendwer, den ich nicht rief.
Schwarz ... schwer ... als ob ich schon schlief,
An mein Herz klopfen die Hände.

Tropft in das Zimmer herein der Regen
Schwarz ... schwer ... in mein Herz hinein,
In den Raum, der schon zu Stein
Friert wie die Welt an den Wegen.

Schwarz ... schwer ... tropfen die Steine.
Nichts atmet ... nichts bleibt ...
Und ich weiß nicht, bin ichs, der da noch treibt
Wie ein Wrack schwarz ... schwer ... alleine?!

GOTTFRIED BENN

Ein Wort

Ein Wort, ein Satz –: aus Chiffren steigen
erkanntes Leben, jäher Sinn,
die Sonne steht, die Sphären schweigen
und alles ballt sich zu ihm hin.

Ein Wort – ein Glanz, ein Flug, ein Feuer,
ein Flammenwurf, ein Sternenstrich –
und wieder Dunkel, ungeheuer,
im leeren Raum um Welt und Ich.

BERTOLT BRECHT

Der Radwechsel

Ich sitze am Straßenrand
Der Fahrer wechselt das Rad.
Ich bin nicht gern, wo ich herkomme.
Ich bin nicht gern, wo ich hinfahre.
Warum sehe ich den Radwechsel
Mit Ungeduld?

KURT TUCHOLSKY

Das Lächeln der Mona Lisa

Ich kann den Blick nicht von dir wenden.
Denn über deinem Mann vom Dienst
hängst du mit sanft verschränkten Händen
    und grienst.

Du bist berühmt wie jener Turm von Pisa,
dein Lächeln gilt für Ironie.
Ja... warum lacht die Mona Lisa?
Lacht sie über uns, wegen uns, trotz uns, mit uns, gegen uns –
    oder wie –?

Du lehrst uns still, was zu geschehen hat.
Weil uns dein Bildnis, Lieschen, zeigt:
    Wer viel von dieser Welt gesehn hat –
    der lächelt, legt die Hände auf den Bauch und schweigt.

FRIEDERIKE ROTH

Liebesgedicht

Im Palmengarten, damals.
Der Löwenzahn, das war alles.
Das waren doch Zinnien, oder?

Da bin ich.
Und wenn wir heiraten würden.
Haste nicht'n Schnaps für mich
sagtest du.

Das ganze Leben, sagtest du dann
ist ungesund, sagtest du
denn es führt zum Tode, sagtest du
und du warst schon so voll.

Ich wollte deine Frau sein
Schlafzimmer in rosa
so hoch und so zart
in aller Pracht und Schönheit
und legen unser Geld in eine Kasse.

Später dann alles so schief
und die Heizung war nicht abzustellen
und die Nachbarin mit ihrem blinden Fisch
alles Quatsch, sagtest du
und
bis bald, sagtest du.

Und im Mondschein:
deine fleischfarbenen Damen!
Als wären es meine Töchter!
Rote Haare und grüne Augen!

Was schreist du denn so, fragst du.

Nein, jetzt doch nicht mehr.

URSULA KRECHEL

Liebe am Horizont

Der Mann hat eine schreckliche
Unordnung in ihr Leben gebracht. Plötzlich
waren die Aschenbecher voller Asche
die Laken zweifach benutzt, verschwitzt
und alle Uhren gingen anders.
Einige Wochen lang schwebte sie
über den Wolken und küßte den Mond.
Erst im Tageslicht wurde ihre Liebe
kleiner und kleiner. Achtlos
warf er das Handtuch, blaukariert
mit dem kreuzgestichelten Monogramm
(wenn das die Mutter wüßte)
über die Schreibmaschine. Bald
konnte sie ihre Liebe schon
in einer Schublade verschließen.
Eingesperrt zwischen Plunder
geriet sie in Vergessenheit.
Später, als der Mann sie rief
wünschte sie, stumm zu sein.
Als er wieder rief, war sie schon taub.

WOLF WONDRATSCHEK

Zwei Liebende

In Verona gab's keine Lichtschalter,
tut mir leid,

Romeo trieb sich mit Hamlet rum,
Deine Schenkel spielten dabei
keine Rolle.

Dein Lächeln, Jahrhunderte später,
dieses Lächeln zum Abschied,
ich weiß, es gilt
allen Männern.

Es will nicht mehr lügen,
es ist für immer.

Dein Fuß verläßt mich.
Es tut schon jetzt am schönsten weh
in der Erinnerung.

Ich liebe Dich noch einmal
beim Zuschauen, wie Du
fortgehst,

blutend unverwundbar und
wunderbar altmodisch,

ganze Epochen menschlichen Leids
durchwandernd

auf dem Weg zur nächsten
Telefonzelle.

Günter Kunert

Hausvisite

Die Tage gehen, es kommen die Tage,
es pocht an die Türe, es bimmelt die Klingel,
es kommt Ferlinghetti, er bringt eine Rose
aus Wachs: gestohlen
vom Kompost hinter dem Denkmal, wo wer gestrige Kränze
zur letzten Ruhe gebettet; wo Erinnern modert und
ausgeblichene Schleifen kapitulieren
vor dem knirschenden Ablauf der Welt:
Riesenwecker,

der keinen erweckt, der nur klingelt und läutet:
Es kommt ein Weiterentwickler umstößlicher Wahrheit,
Mao, verkleideter Drache, Chamäleon
von wechselnder Farbe, frißt tausend Blumen, klopft
auf seinen Beutel: Millionär
zahlt alles in puren lebenden Seelen, großzügig,
doch von schlechtem Gedächtnis, weil gefragt,
ob,
erinnert er sich nicht, je schnurrbärtig
gewesen zu sein: Denn Tage kamen, es gingen die Tage:
Fallen schlugen zu hinter ihnen, Tore
ins Schloß, Schlösser verriegelt: Regsamkeit
reduziert sich auf untertäniges Rütteln:
Gymnastik für einen
verregneten Sonntagnachmittag.

Aber
es besuchen die Tage als Freunde jeden,
der in jedem von ihnen zu leben verspricht,
sie nimmt als täglich ewiges Heute und schwört,
es nie zu verraten an Morgen und dessen
machtlose Majestät.

Aber
wer kommt, wer gibt, wen es trotz allem
immer noch gibt: der Mensch,
der ist in keiner anderen Dimension daheim
als im Präsens:
Alles wird jetzt getan oder niemals.
Das Nichtgetane kommt wieder.
Es kommt Dr. Luther und sagt: Freedom now.
Es kommen Parallelen und treffen sich wieder
in der Unendlichkeit irgendwann: Wann jedoch
kommt Irgendwann?
Es kommt
ein altes, ein staubbärtiges, ein würdig-gräuliches
Etwas
und hebt den Finger und spricht: Unsere Kinder
sollen es eines Tages besser haben!
Nur:
was besser für die ist, weiß keiner besser als
einstmals sie selber,
weil Tage, die kommen, anders sind als die, welche

gehen und an Türen schlagen, an Gatter und Gitter,
Versteckt Euch, rufen, Kriecht unters Bett:
Es erscheint pünktlich
die 24stündige Sphinx, zeigt nackte Brüste,
zeigt Krallen: Zähme sie
oder sei verschlungen!
Jedenfalls verschone mit Anleitung für Laiendompteure
alle,
die des reißenden sterblich und tödlichen Tages
begehren
und keiner Zeitdosis zum alsbalden Verbrauch.

Denn es wachsen wächserne Rosen und fleischerne
aus Granit und Kot,
kommt Ferlinghetti, kommt Mao, kommen Dioskuren,
kommen Antagonisten, und von allem und allen
bleibt einzig,
was unaufhörlich zur Gegenwart wird, da die Tage
unhaltbar sind.

Günter Kunert

Nachlaßlager, Kleine Alexanderstraße, Berlin

Ahnungslos betrittst du
die weitläufige Höhle, wo dich sogleich innig
Gerümpel und Dämmer umfängt –
Flieh, bevor
erblindende Spiegel deine Erscheinung weitergeben
an lauernde Polstermöbel, erkrankt an Elefantiasis,
und fallenartige Schränke
der Haut des Rückens Schauder schaffen.
Zeitlosigkeit: verkündet von gelähmten Regulatoren
mit schlaffen hängenden Pendeln,
Abbild ihrer einstigen Eigner, die verzogen
von der einen in die andere Welthälfte
hinweg über den vermauerten Riß.

Stumme Zeugen aus Schmiedeeisen, Keramik und
Schleiflack sprechen: Unseretwegen,
wegen meiner bequemen Lehne, meiner vier Beine,
meiner glasierten Rundung wegen

ward geschwiegen zu Untaten jeglichen Stils:
geschnitzt gedrechselt gehämmert gehauen
und gestochen.

Nachlaß: Pokale, eingetrockneter Neigen voll,
vergilbte Karten mit den Ansichten verschwundener
Städte: Herzlichen Gruß aus dem Nichts.
Bräunlich und entfärbt die gerahmten Fotografien
vorsintflutlicher Frühgeburten, Gemälde
kläglicher Rousseaus. Käsige Matterhorne,
ergraute Makartsträuße, Porträt
emporgezwirbelten Schnurrbartes: des zweiten Wilhelm
Schwarzseher dulde ich nicht . . .
aus der unsterblichen Dynastie
deutscher Troglodyten
im Hinterhof der Residenz außer Dienst.

Wer den Geschmack des Todes
auf der Zunge nicht scheut und nicht
zwischen neugierigen Fingern den Staub, aus dem
du bist, zu dem du wirst,
betrete den staatlichen Hades und mische sich
unter die altmodischen Schatten.

WOLFGANG WEYRAUCH

Orpheus in der Mittelwelt

1
mein Vater war Landmesser,
also maß er Land,
aber maß er sich am Land,
das Land an sich,
änderte er sich
änderte er es,
verließ er sich,
verließ er das Land,
armes Land,
armer Vater

2
jedermann
hat ein linkes Hosenbein,
ein andres, rechtes Hosenbein,
Zwiebel und Süßstoff,
Abtritt und Schaukelpferd,
Zahl und Empörung

3
und dahinter
ist die Rose,
und dahinter
ist der Skorpion,
und dahinter
ist der Hiob,
Gegenhiob,
der Spartacus,
Gegenspartacus,
Schlaraffenland,
verbrannte Erde,
und dahinter
ist der 1. der 12 Gerechten,
der 2. der 13 Ungerechten,
und dahinter:
Mann, darf ich über die Brück,
warum willst du,
weil dahinter –,
du darfst,
bitte, nein,
weshalb willst du nicht mehr,
ich verzichte auf die Fragen,
weil ich mich vor den Antworten fürchte,
und dahinter,
löffle ich meine Suppe

4
was schrieb der Herr Jesus
auf die Erde,
als die Spießer
ihm eine Ehebrecherin anboten,
ehebrechen, was ist das,
aber der Frieden auf der Erde,
was ist das

5
schade,
daß Sie nicht in Dachau
draufgegangen sind,
Sie, in Nürnberg
ist ein Galgen frei

6
als Leonidas
den Paß der Thermopylen verteidigte,
flüsterte Thersites,
laß das,
aber das Vaterland,
fragte Leonidas,
ist gleich dir und mir,
plus den Griechen diesseits,
plus den Persern jenseits,
frag sie,
ob sie, zusammen mit uns,
einen Milchhonigstaat
errichten wollen,
und wenn sie weiter angreifen,
fragte Leonidas,
überzeug sie,
und wenn sie zögern,
überzeug sie,
und wenn die Unsern zweifeln,
überzeug sie

7
Kranker,
machen wir einen Scenotest
na, was haben Sie in der Hand,
nichts, Herr Doktor,
alles, Kranker ohne Krankheit,
Eltern, Geschwister, Kinder,
Bett, Tisch, Löffel,
Haus, Gärtchen, Zaun,
sonst nichts, Herr·Doktor,
okäj und kao,
und Streichhölzer, Herr Doktor,
um mich,
uns beide,

uns alle
anzustecken,
oder uns allen heimzuleuchten

8
einer im Sarg,
einer in der Urne,
keiner im Einbaum,
am Schluß
bin ich ein Elefant,
stecht in mich hinein,
ich schrumpfe zur Wanze

9
Niemand oben,
Keiner mitten,
Doof unten,
Keiner spuckt Doof
auf den Schädel,
Niemand hats gesehen,
Kinderrätsel von
Kierkegaard und Marx,
zieht die Schachtel auf,
was springt heraus

WOLFGANG WEYRAUCH

Und drunter

Und drunter ist nichts

aber ist nichts gleich nichts

und drunter ist eine Sonde

es geht ums Wetter; worum noch

und drunter ist der Mond

wer fotografiert, hat mehr vom Tod

und drunter der fliegende Spion

warum haben Sie, Martin König, Student,
am 1. 10., 22 Uhr 17, Friedrichstraße 109,
Ernst Bloch, über Thomas Münzer, gelesen

und drunter die Dohlen

freie Vögel in der Unfreiheit

und drunter der Badestrand im 21. Stock

Gaby ist gut, mein Lieber
ich schenke sie Ihnen, aber nicht umsonst

drunter ist der paternoster, 14. Stock

steckenbleibend, Hieb aufs Herz
da liegt einer, Kleiderknäuel

drunter ist die Armsünderglocke vom Heiligen Franz

hör auf zu läuten, Pater,
geh auf den Markt, zieh die Kutte aus,
frag, verzichte auf die Antworten, frag

drunter sind die 1001 Anschläge

der Mitläuferin des Diktators im 7. Stock,
auf die Tasten, die Blätter,
in die Fressen, in die Nieren, drauf aufs schlimme

drunter die Laufreklame im 1. Stock

während der VC hohe Verluste an Menschenmaterial hatte,
verloren wir nur 4 Tote, etwa ein Dutzend Verwundete,
nach den Vermißten wird gesucht

drunter das Espresso namens Onkel Ernesto

seid ihr für Ruhe und Ordnung,
seid ihr nicht, raus mit euch,
rauf an den Galgen, seht ihr euch baumeln

drunter der Einstieg zum Gully

unten, im Dreck, wo sie hingehört,
soll ne olle Jüdin gammeln,
keiner befingert sich mit so nem Unsinn

und drunter sind die Metalle

aus unbekannt mach bekannt
aus bekannt mach nützlich
aus nützlich mach vertilgend

und drunter ist das Feuer

wers glaubt, wird selig

und drunter ist nichts

aber nichts ist gleich nichts.

WALTER HÖLLERER

Schiller Gedächtnis

Da haben wir seit je
Die Wundertüten abgestellt
In einem Fuchsbau nah der Eiche Friedrichs
Von Schiller neunzehnhundertfünf
Auf blauem Etikett mit weißer Schrift:
›Gedächtnis‹. Beeren –
Und Feuerwanzen an dem Stein.
Ein Rest von früher Industrie.
Ein Hohlweg. Eichelhäher. Das Gesicht
Vom Tod: Die Eichkatz blutend aus dem Pinselohr
Und blindem Auge, schädlich ist, was räuberisch.
Ein Maulwurf, aus der Nase blutend. Grauen
Und Idyllenbilder wechseln ab in Germany.

Im Feuerschein des Stahlwerks eine Burg aus Stein
In der man trommelnd Runde geht
Ja, auf uns zwei: ihr unten und ich oben, Bürgersinn
Geschlossener Marktplatz Bürgschaft Schilderhaus
Sumpfdotterblumen Zuchthaus und ein Kirchenlied
Wallfahrten Stationen Unterschlagungskrach

Der Dampf des langen Güterzugs am Erlenbach
Dazu die Straße Seilbahn Schwebe Fahrt
So geh dahin so bleib getrennt gepaart

So bittfürus so bleibbeiuns der Gast
Gottseibeiuns behaltunsbei bescherethast
So sink: der Ruch der Schneewind gegen dich
Der rote Sand das Heu der Eisenstich
Verschrammte Hände eingeschränkte Zeit und Mahd
Ganz dicht ganz dünn verweht und ohne Scheu
Und von Natur Natur im spröden Heu
Ein Räderknarren, Rappeln vor dem Tore.

Stein was er birgt was kriecht und wie ers krümmt
Und was zu tun ist lassen wie mans nimmt
Die Habichtschwämme und den saueren Klee
Den Brand der Pfosten, den Silversterschnee,
Den Bohrturm und den Harsch der heimlich näßt
Versunken jetzt, vernichtet jetzt –
                                        ums Haar.
Ein Riß ein Schattenspiel so wie es war
Ein Rand, und Stimme, überstimmt von fern,
Historisch Morgenglanz ein Abendstern
Ein Scheunenbrand ein Osterbock ein Hüttentanz
Ein Kuckuck Apotheke Myrtenkranz
Ein Fußballtor ein Förderturm ein Hügel sank
Ein Sonnwendmarsch ein Heil, – am Abend krank

Ein Wind von Süden und ein Schülerpfiff:
Im Scheunenschlund ein Totenwagen steht nicht still
Ein Herbst ein Blätterweg und ein April
Und Lippen Stimmen Käfer fliegen flieh
Und laufen lauf! und flieg! – verfliegen sie
Im schweren Flug darüber und dahin
Und stoß nicht an und flieg und geh und gleit
Und fühl dich fort und sieh dich für und faß dich breit
Und komm und wachs betört vertaut
Verstreut vertan vertraut versteint verstreunt
Vernimmst vergangen und vergaß
Verbliebst und riebst an Löchern deine Hand
Wo jungen Spechts mit weichem Schnabel Widerstand
Wo Kugelfang die Jungen vor dem Tore.

KARL ALFRED WOLKEN

Vier Beine hat der Tisch

Gut
ich gehe noch spazieren
aber einfach mein Bündel nehmen und gehen
ist nicht länger meine Art
      Wenn man tot ist
      wird man weggetragen
Das ist die richtige Zeit zum Gehen/eher nicht

Entscheidend ist
  daß die Denkweise
    nicht seßhaft ist

Wie oft habe ich schon meine Koffer gepackt
Schon vor diesem merkwürdigen Schließen der Tür
die man nie wieder aufschließt
und noch lang hinterher mit abschiedsschlappen Schritten
      immer wieder bin ich
      fast gestorben dabei
Weißgott ich habe mich gegen den Strich behandelt
damit ist Schluß

     Ich bin nicht Odysseus
     ich bin nur herumgekommen
     das ist alles
     Nomadenleben ist nichts besonderes

Hier steht mein Tisch auf seinen vier Beinen
Da sitze ich und wills nicht anders
Hier im gekalkten Zimmer ist
Papier Schreibzeug Ruhe etwas zum Rauchen
     abseits
     von den Schritten der Frau
Hier will ich solange es geht
     außer Landes zu Hause sein

     Aus Liebe hineingeraten ins Leben
     will ich mich auch so durchbringen
möglichst lange gesund und bei klarem Verstand

rauchend wie ein Meiler bei der Arbeit
und noch als Wrack
am Leben hängend

    Die Tochter tanzt auf dem Kies: winzig
    Ich ein Mann mit zwei Beinen
    bin jetzt ganz erfüllt
    vom Wesen des Tisches

    der nur fortgeht wenn man ihn trägt

ILSE AICHINGER

Bei Linz

Ich mit dem Tag auf den Fersen
und die holprigen Landwege.
Hört das Gerüttel!
Hol mich nicht ein, mein Tag,
aber bleibe mir auf den Fersen.

GÜNTER KUNERT

Vorschlag

Ramme einen Pfahl
in die dahinschießende Zeit.

Durch deine Hand rinnt der Sand
und bildet Formlosigkeiten,
die sogleich auf Nimmerwiedersehen
in sich selbst einsinken:
vertanes Leben.

Was du nicht erschaffst, du
bist es nicht. Dein Sein die Gleichung
nur für Tätigsein: Wie will denn,
wer nicht Treppen zimmert,
über sich hinausgelangen?
Wie will heim zu sich selber finden,
der ohne Weggenossen?

Hinterlaß mehr als die Spur
deiner Tatze, das Testament
ausgestorbner Bestien, davon die Welt
übergenug schon erblickt.

Ramme einen Pfahl ein. Ramme
einen einzigen, einen neuen Gedanken
als geheimes Denkmal
deiner einmaligen Gegenwart
in den Deich
gegen die ewige Flut.

HELMUT HEISSENBÜTTEL

Topographien (e)

inhaltlose Sätze im Nachtdrift
wirkliche nächtliche Straßenbahngesprächsfetzen
Stimmen über dem Eis
das menschenleere Gesicht das ich erkenne
ein Tag vor Weihnachten
Nachtland Nachtblau
geflügelte Peripetie der Nacht
die milchbraune Kreisform
jetzt
jetzt jetzt jetzt

HELMUT HEISSENBÜTTEL

das Sagbare sagen
das Erfahrbare erfahren
das Entscheidbare entscheiden
das Erreichbare erreichen
das Wiederholbare wiederholen
das Beendbare beenden

das nicht Sagbare
das nicht Erfahrbare
das nicht Entscheidbare
das nicht Erreichbare
das nicht Wiederholbare
das nicht Beendbare

das nicht Beendbare nicht beenden

HILDE DOMIN

Drei Arten Gedichte aufzuschreiben

Ein trockenes Flußbett
ein weißes Band von Kieselsteinen
von weitem gesehen
hierauf wünsche ich zu schreiben
in klaren Lettern
oder eine Schutthalde
Geröll
gleitend unter meinen Zeilen
wegrutschend
damit das heikle Leben meiner Worte
ihr Dennoch
ein Dennoch jedes Buchstabens sei

Kleine Buchstaben
genaue
damit die Worte leise kommen
damit die Worte sich einschleichen
damit man hingehen muß
zu den Worten
sie suchen in dem weißen:
Papier
leise
man merkt nicht wie sie eintreten
durch die Poren
Schweiß der nach innen rinnt
Angst
meine
unsere

und das Dennoch jedes Buchstabens
Ich will einen Streifen Papier
so groß wie ich
ein Meter sechzig
darauf ein Gedicht
das schreit
sowie einer vorübergeht
schreit in schwarzen Buchstaben
das etwas Unmögliches verlangt
Zivilcourage zum Beispiel

diesen Mut den kein Tier hat
Mit-Schmerz zum Beispiel
Solidarität statt Herde
Fremd-Worte
heimisch zu machen im Tun

Mensch
Tier das Zivilcourage hat
Mensch
Tier das den Mit-Schmerz kennt
Mensch Fremdwort-Tier Wort-Tier
Tier
das Gedichte schreibt
Gedicht
das Unmögliches verlangt
von jedem der vorbeigeht
dringend
unabweisbar
als rufe es
›Trink Cocacola‹

KARL SCHWEDHELM

gleich und gültig

das gleiche ist nicht immer das gültige
gültiges nur selten einander gleich
auch nicht gültig gleich gültig.
doch geltung erlangen nicht gleichgültige
denen alles gleich ist.
gleiches mit gleichem vergelten
gilt nicht.
gültiges gleichnis aber wird
auch gleichgültige aufschrecken.
auf schrecken folgt sonnenschein,
nein auf regen bringt segen.
absägen laßt uns den ast
damit sonnenschein schrecklichem regen folge
folge
den eltern auf großem fuße
denn
der eltern sägen baut

den kindern häuser
am fuß großer berge aus
schrecklichem sonnenschein
mit folgendem regen.

wie dem regen entgehen
und sich doch nichts entgehen lassen?

EUGEN GOMRINGER

sich zusammenschließen und
sich abgrenzen

die mitte bilden und
wachsen

die mitte teilen und
in die teile wachsen

in den teilen sein und
durchsichtig werden

sich zusammenschließen und
sich abgrenzen

MARIE LUISE KASCHNITZ

Inwendig

Mit Muscheln spielen
Ohne daß Muscheln da sind
Abtasten die rauhen Riefeln
Das Gewand
Der Anadyomene und Perlmutt
Von den Rändern des Himmels.

Oder die kleine
Buchecker, die nicht da ist
Drehen drehen
Dreikant zwischen den Fingern
Und Vögel singen
Im Buchenflackerschatten hochzeitlich.

Nichts muß mehr da sein
Kein Buch
Sich mehr aufschlagen kein
Orchester sich stimmen.

Du meine inwendige Welt
Meine globale Landschaft
Meine große Versammlung.

HORST BIENEK

Sagen Schweigen Sagen

Wenn wir alles gesagt haben werden
wird immer noch etwas zu sagen sein
wenn noch etwas zu sagen ist
werden wir nicht aufhören dürfen
zu sagen was zu sagen ist
wenn wir anfangen werden zu schweigen
werden andere über uns sagen
was zu sagen ist
so wird nicht aufhören
das Sagen und Sagen über das Sagen

Ohne das Sagen gibt es nichts
wenn ich nicht das
was geschehen ist
sage erzähle oder beschreibe
ist das Geschehen
überhaupt nicht geschehen
das Sagen wird fortgesetzt
Stück für Stück
besser: Bruchstück für Bruchstück

Niemals wird es das Ganze sein
niemals also wird alles gesagt sein

EUGEN GOMRINGER

worte sind schatten
schatten werden worte

worte sind spiele
spiele werden worte

sind schatten worte
werden worte spiele

sind spiele worte
werden worte schatten

sind worte schatten
werden spiele worte

sind worte spiele
werden schatten worte

Marie Luise Kaschnitz

Nicht gesagt

Nicht gesagt
Was von der Sonne zu sagen gewesen wäre
Und vom Blitz nicht das einzig richtige
Geschweige denn von der Liebe.

Versuche. Gesuche. Mißlungen
Ungenaue Beschreibung

Weggelassen das Morgenrot
Nicht gesprochen vom Sämann
Und nur am Rande vermerkt
Den Hahnenfuß und das Veilchen.

Euch nicht den Rücken gestärkt
Mit ewiger Seligkeit
Den Verfall nicht geleugnet
Und nicht die Verzweiflung

Den Teufel nicht an die Wand
Weil ich nicht an ihn glaube
Gott nicht gelobt
Aber wer bin ich daß

Der dürre Mönch

Ein dürrer Mönch bin ich geworden;
meine roten Backen sind runzlig gelb;
mein Stolz, meine Freude: mein Bauch ist hin.
Ich bete Narrensprüche in die Nacht,
dazu die Seele lacht in Abgrundqualen.

Wer die Welt fand, verlor Gott;
wer die Welt verlor, fand die Zeit.
Einsam bin ich, o ich bin einsam!
Einsam mit der Zeit . . .

Die duftenden Schinken! die fetten Würste!
das schäumende Bier! der blinkende Wein!
Ich presse sie brüllend an die Brust –

Mich hungert!
und ich finde den Mund nicht,
daß ich mich speise!
Mich dürstet!
und ich finde den Mund nicht,
daß ich mich tränke!

Einsam bin ich, o ich bin einsam!
Einsam mit der Zeit . . .

Einen Mund!!
Ich finde den Mund nicht,
daß ich speise!!
Ich finde den Mund nicht,
daß ich trinke!!

Vater unser, der du bist im Himmel,
unsern täglichen Mund gib uns heute.

ALFRED MOMBERT

Mich treibt die Macht »Unaufhaltbar« –
mich drängt die Macht »Unüberwindbar« –

immer neben mir mit Flammen-Augen
hinstürmt das Dämonen-Paar:

Sie führen mich in orgelnde Finsternis –
durch die Trichter der Hohngelächter.
Erleuchteten Türmen vorüber –
durch die Käfige der Rasereien.
Über Lava-Wüste, brennende Brunnen –
durch die Glutöfen der Verzweifelungen.
Längs dröhnenden Gebirgwänden –
durch die Mühlen der Trübsale.
Längs Hochwasser-Fluten
durch die Verliese der Seufzer –

Über die Gitter-Schranken letzter Reiche –:
hinten fern vergessene Festländer –
Dämonien – Orkan-Meer –:
vor mir Frei-Gang gen das Pol-Glück –

Albin Zollinger

Tiefe des Traums

In den Sedimenten der Seele nachts
Gehen Bergstürze nieder,
Träume mit fallenden Wäldern,
Fallenden Städten,
Gewaltig.
Alle Verlorenheiten,
Durch die ich kam
In Jahrmillionen,
Urschilf, Sandwüsten,
Krieg im Gebirge
Funkeln vorüber
Finsternisrauchend
Und rieseln am Hange
Blühender Trümmer,
Verschütten des Herzens
Blau spiegelnde Brunnen
In Stürzen getürmter Nächte.

Es hebt sich ein rosa Gesicht
Von der Wand.
Es strahlt ein verwegenes Licht
Von der Wand.
Es kracht mir der Schädel
Beim Anblick der Wand.
Es träumt mir ein Mädel
Beim Anblick der Wand.

O Wand, die in meine leblosen Stunden starrt
Wand, Wand, die meine Seele mit Wundern genarrt
Mit Langeweile und grünlichem Kalk
Mein Freund. Meiner Wünsche Dreckkatafalk.

Soeben erscheint mir der Mond
An der Wand.
Es zeigt mir Herr Cohn seine Hand
An der Wand.
Es schnattert wie Schatten
Pretiös an der Wand.

Verflucht an der Wand!
Und heut an der Wand!
Was stehen denn so viel Leut
An der Wand?

Hugo Ball

Das Gespenst

Gewöhnlich kommt es, wenn die Lichter brennen.
Es poltert mit den Tellern und den Tassen.
Auf roten Schuhen schlurrt es in den nassen
Geschwenkten Nächten und man hört sein Flennen.

Von Zeit zu Zeit scheint es umherzurennen
Mit Trumpf, Atout und ausgespielten Assen.
Auf Seil und Räder scheint es aufzupassen
Und ist an seinem Lärmen zu erkennen.

Es ist beschäftigt in der Gängelschwemme
Und hochweis weht dann seine erzene Haube,
Auf seinen Fingern zittern Hahnenkämme,

Mit schrillen Glocken kugelt es im Staube.
Dann reißen plötzlich alle wehen Dämme
Und aus der Kuckucksuhr tritt eine Taube.

Kurt Schwitters

Wand

Fünf   Vier   Drei   Zwei   Eins
Wand
Wand
WAND
WAND   WAND   WAND
WAND   WAND   WAND
WAND   WAND   WAND   WAND
wände
wände
Wände
WÄNDE   WÄNDE   WÄNDE
WÄNDE   WÄNDE   WÄNDE   WÄNDE

WAND   WAND   WAND
wand   wand   wand
wand
wand
wand

wand

KURT SCHWITTERS

Beingrenzen

Grenzen
Grenzen
Grenzen
Ein Bein
Ein
Bein
Graben
Graben
Ein Bein

ERNST MEISTER

Zerstreuung eines Fisches

Ja, das ist ein Chaos: als ein Fisch
zum Mahl erscheinen auf dem Tisch.
Das Auge winkt den andern Seelen überbrüht.

Vorhin noch heil und blinkend vor Geblüt,
liegst du nun dar dem essenden Gemüt,
beschaut, entziffert und beschätzt.

Und warst du schon zerschnitten und zerschlitzt,
teilt sich der Kreis in dich, der dich umsitzt.
Die Gräte bleibt und Fetzen, der nicht letzt.

Und endlich noch zerfällst auch du, du Rest.
Wo irrst du hin, da alles dich entläßt? –
Vom Topfe kratzt die Köchin fort den Leim der Haut.

ERNST MEISTER

Ein Stück Zeitungspapier

Liegt herum, gilb,
wurde gebraucht,
bei Zittergras
räkelt es sich.

Zerknüllt
Nachrichten, Tode,
der Wind
beschnuppert sie.

Auch
Fliegen
sind
interessiert.

ERNST MEISTER

Zeigen

Da war,
da war doch,
vom Wassertode gefangen,
ein Schiffer.

Vom Wassertode gefangen,
stieß er
durch den Spiegel der Wasser
und zeigte uns,
zeigte uns fahrenden Schiffern

eine Handvoll
Graues vom Grunde.

GÜNTER GRASS

Zugefroren

Als es kälter wurde,
das Lachen hinter den Scheiben blieb,
nur noch als Päckchen und Brief
zweimal am Tage ins Haus kam,
als es kälter wurde,
rückte das Wasser zusammen.

Wer etwas versenken wollte,
der Dichter vielleicht einen Hammer,

ein Mörder drei mittlere Koffer,
der Mond ein Pfund weißen Käse,
wer etwas versenken wollte
stand vor verriegeltem Teich.

Kein Lot gab mehr Antwort,
kein Stein der durchfiel,
grünschielende Flaschen lagen dem Eis an,
bodenlos und vergeblich rollte der Eimer,
kein Lot gab mehr Antwort
und alle vergaßen wie tief.

Wer Glas zerbricht,
die Jungfrau nicht schon am Sitzen erkennt,
wer hinter dem Spiegel ein Ei aufstellt
und vor dem Spiegel die Henne,
wer Glas zerbricht
weiß immer noch nicht was der Frost verbirgt.

ANISE KOLTZ

Erde du bist weit
die Welt ist nicht gekommen

die Propheten
haben wir geschlachtet
und mit Vögeln gespickt

ELISABETH BORCHERS

Ich erzähle dir

Ich erzähle dir eine Geschichte
von einem Himmel

der Himmel hat keine Bäume
der Himmel hat keine Vögel
der Himmel ist auch kein Erdbeerfeld

Der Himmel ist ein Kleid
das der Erde zu weit ist

Der Himmel hat morgens
und abends ein Dach

Der Himmel ist ein Bauch
in den sollen wir kriechen

Der Himmel ist nicht so wie du denkst
der Himmel ist blau

GÜNTER KUNERT

Grünes Gedicht

Es ist die Stille grün: ein leerer Rasen:
betäubend grün und leer wie nichts zuvor,
darunter liegen alle Wünsche längst begraben,
und längst verstummte der Begräbnischor.

Die Stille grün. Die Stimmen schweigen.
Der Himmel über allem ohne Laut:
als säh er nirgendwo die altbekannten Leiden:
nur etwas stilles Grün, das ihn erbaut.

INGEBORG BACHMANN

Schatten Rosen Schatten

Unter einem fremden Himmel
Schatten Rosen
Schatten
auf einer fremden Erde
zwischen Rosen und Schatten
in einem fremden Wasser
mein Schatten

Verlorenes Ich

Verlorenes Ich, zersprengt von Stratosphären,
Opfer des Ion –: Gamma-Strahlen-Lamm –
Teilchen und Feld –: Unendlichkeitschimären
auf deinem grauen Stein von Notre-Dame.

Die Tage gehn dir ohne Nacht und Morgen,
die Jahre halten ohne Schnee und Frucht
bedrohend das Unendliche verborgen –
die Welt als Flucht.

Wo endest du, wo lagerst du, wo breiten
sich deine Sphären an – Verlust, Gewinn –:
Ein Spiel von Bestien: Ewigkeiten,
an ihren Gittern fliehst du hin.

Der Bestienblick: die Sterne als Kaldaunen,
der Dschungeltod als Seins- und Schöpfungsgrund,
Mensch, Völkerschlachten, Katalaunen
hinab den Bestienschlund.

Die Welt zerdacht. Und Raum und Zeiten
und was die Menschheit wob und wog,
Funktion nur von Unendlichkeiten –
die Mythe log.

Woher, wohin – nicht Nacht, nicht Morgen,
kein Evoë, kein Requiem,
du möchtest dir ein Stichwort borgen –
allein bei wem?

Ach, als sich alle einer Mitte neigten
und auch die Denker nur den Gott gedacht,
sie sich den Hirten und dem Lamm verzweigten,
wenn aus dem Kelch das Blut sie rein gemacht,

und alle rannen aus der einen Wunde,
brachen das Brot, das jeglicher genoß –
o ferne zwingende erfüllte Stunde,
die einst auch das verlorne Ich umschloß.

GEORG TRAKL

Verfall

Am Abend, wenn die Glocken Frieden läuten,
Folg ich der Vögel wundervollen Flügen,
Die lang geschart, gleich frommen Pilgerzügen,
Entschwinden in den herbstlich klaren Weiten.

Hinwandelnd durch den dämmervollen Garten
Träum ich nach ihren helleren Geschicken
Und fühl der Stunden Weiser kaum mehr rücken.
So folg ich über Wolken ihren Fahrten.

Da macht ein Hauch mich von Verfall erzittern.
Die Amsel klagt in den entlaubten Zweigen.
Es schwankt der rote Wein an rostigen Gittern,

Indes wie blasser Kinder Todesreigen
Um dunkle Brunnenränder, die verwittern,
Im Wind sich fröstelnd blaue Astern neigen.

GEORG TRAKL

Die Ratten

Im Hof scheint weiß der herbstliche Mond.
Vom Dachrand fallen phantastische Schatten.
Ein Schweigen in leeren Fenstern wohnt;
Da tauchen leise herauf die Ratten

Und huschen pfeifend hier und dort.
Und ein gräulicher Dunsthauch wittert
Ihnen nach aus dem Abort,
Den geisterhaft der Mondschein durchzittert.

Und sie keifen vor Gier wie toll
Und erfüllen Haus und Scheunen,
Die von Korn und Früchten voll.
Eisige Winde im Dunkel greinen.

GEORG TRAKL

Trübsinn   *Gloom*

Weltunglück geistert durch den Nachmittag.
Baracken fliehn durch Gärtchen braun und wüst.
Lichtschnuppen gaukeln um verbrannten Mist,
Zwei Schläfer schwanken heimwärts, grau und vag.

Auf der verdorrten Wiese läuft ein Kind
Und spielt mit seinen Augen schwarz und glatt.
Das Gold tropft von den Büschen trüb und matt.
Ein alter Mann dreht traurig sich im Wind.

drips   *dull and*

Am Abend wieder über meinem Haupt
Saturn lenkt stumm ein elendes Geschick.
Ein Baum, ein Hund tritt hinter sich zurück
Und schwarz schwankt Gottes Himmel und entlaubt.

Ein Fischlein gleitet schnell hinab den Bach;
Und leise rührt des toten Freundes Hand
Und glättet liebend Stirne und Gewand.
Ein Licht ruft Schatten in den Zimmern wach.

WALTER RHEINER

Trauer

Die Straße seufzt. Schattende Winde hocken
nieder auf Plätzen. Bronzene Plätze weinen
über den Abend hin, der aus blauer Ferne gleitet.
Wolke schmilzt in der Frauen sterbenden Locken.
Leise wankt das verhangene Haus. Aus dem reinen
Äther sinkt ein zerfallener Mond herab. Und breiter
dampft der Atem der Stadt. Es tropft
Nacht, ein fremdes Meer, das an die Fenster klopft.

Wir sind begraben. Schwarz und mit Erde gefüllt
starrt unser Mund. Das Haar, Traube
bitteren Trankes voll, ist verwelkt und tot.
Schon nahet die letzte Stunde, die uns in Kälte hüllt.
Wir hören den Klang der Gestirne nicht mehr. Blinde wir,
                                        Taube.

Wir fühlen das Blut nicht mehr. Verblaßt ist sein Rot.
Niedergestürzt, zersprungene Säulen, über Trümmern liegen
Trümmer wir selbst im Feld. Doch über uns hin zahllose
                              Schwärme schreiender Vögel fliegen ...

WALTER RHEINER

Das Haus

Berg der Kammern. Woher wuchsest du Maden-Leib?
Aus Nacht gekittet, in den Tag gemauert,
der, dich umjohlt, Höhlung wunderlichen Getiers:
Fuchsbau, Schlangennest, Maulwurfhügel, Raubtierkäfig!

Was geschiehet in deinem Geripp, da der Treppen Brand
aufflackert gegen das lastende Dach, das die Himmel verbaut?
Was hinter den Fenstern, da in den kalten Ecken
Sonnenlicht, trüber Schein, sich verkriecht und stirbt?

Welche Wesen bevölkern dich? Welche Motten umschwirren
die giftigen Lampen? Welche Schreie tönen? Welche Tat
wird getan? Wer stirbt? Wer wird geboren? Wer flucht?
Wer stöhnt? Wer jammert? Wer lacht? Wer träumt?

– Ungeheuer! Kreißender Fels. Modernd Skelett. Arme
gereckt in der Nacht. Verschlungne Körper im Schlaf.
Prügel. Kuß. Hunger. Krank. Gesang und Gold.
Mord und Raub. Menschen. Der Gott geht um!

Gespenster. Mutter und Vater. Trauernder Sohn.
Wirre Tochter. – Kinder in Tapeten vergehend.
Stinkend Gedärm: Aborte. Schmieriges Bett.
Gäste. Lärm. Tabakqualm. Ölige Speisen.

Vater-Unser. Gebet. Schleichen in der Nacht.
Räudiger Hund an der Tür. Klingel. Schlurfen.
Begrüßung. Geschäfte. Auf und ab –: zuckendes Hirn!
Hundert, die gehn und kommen. Der Arzt. Der Tod.

Haus: röchelnder Lindwurm. Gefängnis. Wald
aus mürben Brettern. Knarrendes Knochen-Tier.
Gähnender Rachen. Schnappendes Maul. Zottige Tatzen.
Haus: Klumpen Mensch. Turm böser Winde. Hölle.

Der Gesang der Wale

Große, viele Tonnen schwere Tiere,
ständig in ihrer Nahrung schwimmend
und leise nach sechzig, siebzig Jahren sterbend,
als sei es nun genug,
behaftet mit kleinen, scharfen Augen,
die in die Tiefe zu blicken vermögen
und über den Rand des Wassers hinweg,
wo die Kontinente beginnen,
so haben sie keine natürlichen Feinde,
überhaupt keine, außer uns,
und bei Sturm senkt sich ihr Leib
einfach in andere Zonen hinab,
wo im Plankton Ruhe herrscht,
Leuchtfische segeln und die Arme
der Kraken sich nur noch wie Blumen bewegen.

Man muß sich vorstellen,
wir könnten so sein:
übermächtig gelassen, schlau und kräftig,
zugleich kindlich neugierig,
während aus dem Atemloch Fontänen steigen
und der Schwanz gleich einem Tankerruder
immer wieder ins Meer hineinschlägt,
Echo gebend von Schelf zu Schelf.
Entfernungen sind der Beweis
für Übersicht und Dauer,
ausgestattet mit einem Selbstverständnis,
das sich nicht mehr um Platz zu kümmern braucht.

Bei der Paarung verweigern
sich manchmal die Walinnen,
haben keine Lust oder zieren sich,
stellen sich senkrecht kopfunter
und stemmen stundenlang ihr Eigengewicht,
zwanzig, dreißig Tonnen hoch,
meckernd und prustend.
Die Männchen dann, genau so schwer,
umkreisen das fürchterliche Vieh
und fangen verzweifelt zu singen an.

Es muß noch gesagt werden,
daß es auch Kinder gibt, Kinderwale,
die diesen Kopfstand nicht schätzen
und nun mit ihren Köpfen
auf den Rumpf der Mütter schlagen,
sie umzuwerfen versuchen.
Oder sie legen sich flach daneben,
bis Sonnenbrand ihnen den Rücken schält,
die Haut in Fetzen hängt, Futter für Vögel,
die mit von der Partie sind.

Ich lehnte den biologischen Wandel ab,
verringerte freiwillig die Zahl
der nicht benützten Gehirnzellen
und stürzte mich in die Fluten zurück,
wieder einig mit meinem Pfand,
das Antwort fände in den langsamen,
überlegten Bewegungen der Wale,
ihre Leiber wälzend wie Berge
und Melodien erzeugend gleich deren Hall,
geborgen in einem Element,
größer als jedes Land.

Dann aber hebt ein Schlürfen und Geigen
durch die Weltmeere an, herzergreifende Musik.
Es antworten einander die Wale
über tausend Kilometer hinweg,
und nur wir, mit unseren eisernen Schiffen,
können die Signale unterbrechen.
Vom Eismeer in den Indischen Ozean,
aus dem Pazifik bis in die Karibik
erschallen die sehnsüchtigen Rufe der Wale,
die sich in den leer geschossenen Weiten
kaum mehr zu finden trauen.
Orgeln ertönen, riesige Flöten,
Bögen kratzen über Barte,
pro Kiefer hunderttausend Saiten tragend,
und auf dem düsteren Grund darunter
bedienen kleine, scheue Taucher
hinter den Korallenbänken
Verstärker und Manuale.

Manches Mal, wenn ich traurig bin,
bilde ich mir ein, ich sei ein Wal,
ein tonnendicker Lungenfisch,
der nicht mehr ins Trockene zu kriechen braucht,
um sich zu veredeln, ausgesetzt Regen und Wind
und der messerscharfen Konkurrenz der Menschen,
die nicht so leben mögen wie er.

GERTRUD KOLMAR

Trauerspiel

Der Tiger schreitet seine Tagereise
Viel Meilen fort.
Zuweilen gegen Abend nimmt er Speise
Am fremden Ort.

Die Eisenstäbe: alles, was dahinter
Vergeht und säumt,
Ist Schrei und Stich und frostig fahler Winter
Und nur geträumt.

Er gleitet heim: und mußte längst verlernen,
Wie Heimat sprach.
Der Käfig stutzt und wittert sein Entfernen
Und hetzt ihm nach.

Er flackert heller aus dem blinden Schmerze,
Den er nicht nennt,
Nur eine goldne rußgestreifte Kerze,
Die glitzernd sich zu Tode brennt.

GEORG HEYM

Die gefangenen Tiere

Mit schweren Fellen behangen,
Mit riesigen Hörnern dumpf
Kommen sie langsam im Dunkel
Gekrochen auf zottigem Rumpf.

Sie reiben sich an den Stäben,
Ihr Auge ist wie ein Stein.
Und dann kehren sie um und tauchen
Wieder in Schatten hinein.

Auf einmal schreit es von fern,
Gekreisch, und lautes Gebrüll,
Entsetzen und riesiger Schrecken.
Es erstirbt und wird still.

Doch vor den Ufern springen
Reiher flackernd und schwach
Gespenstisch mit mageren Füßen
Unter der Bäume Dach

Wie Gestorbene wollen
Ins Haus der Lebendigen ein.
Aber alles ist zu, und sie müssen
Weinen im Sturme allein.

RAINER MARIA RILKE *Objectivity. Sec. to Rodin Shaping material*

Der Panther
Im Jardin des Plantes, Paris

Fauvism

Sein Blick ist vom Vorübergehn der Stäbe
so müd geworden, daß er nichts mehr hält.
Ihm ist, als ob es tausend Stäbe gäbe
und hinter tausend Stäben keine Welt.

Der weiche Gang geschmeidig starker Schritte,
der sich im allerkleinsten Kreise dreht,
ist wie ein Tanz von Kraft um eine Mitte,
in der betäubt ein großer Wille steht.

Nur manchmal schiebt der Vorhang der Pupille   *amber untold?*
sich lautlos auf –. Dann geht ein Bild hinein,
geht durch der Glieder angespannte Stille –
und hört im Herzen auf zu sein.

Yvan Goll

Der Salzsee

Der Mond leckt wie ein Wintertier das Salz deiner Hände,
Doch schäumt dein Haar violett wie ein Fliederbusch,
In dem das erfahrene Käuzchen ruft.

Da steht für uns erbaut die gesuchte Traumstadt,
In der die Straßen alle schwarz und weiß sind.
Du gehst im Glitzerschnee der Verheißung,
Mir sind gelegt die Schienen der dunklen Vernunft.

Die Häuser sind mit Kreide gegen den Himmel gezeichnet
Und ihre Türen bleigegossen;
Nur oben unter Giebeln wachsen gelbe Kerzen
Wie Nägel zu zahllosen Särgen.

Doch bald gelangen wir hinaus zum Salzsee.
Da lauern uns die langgeschnäbelten Eisvögel auf,
Die ich die ganze Nacht mit nackten Händen bekämpfe,
Bevor uns ihre warmen Daunen zum Lager dienen.

Yvan Goll

Der Staubbaum

Ein Staubbaum wächst
Ein Staubwald überall wo wir gegangen
Und diese Staubhand weh! rühr sie nicht an!

Rings um uns steigen Türme des Vergessens
Türme die nach innen fallen
Aber noch bestrahlt von deinem orangenen Licht!
Ein Staubvogel fliegt auf

Die Sage unsrer Liebe laß ich in Quarz verwahren
Das Gold unsrer Träume in einer Wüste vergraben
Der Staubwald wird immer dunkler
Weh! Rühr diese Staubrose nicht an!

CLAIRE GOLL

Augenlider aus Stein

Ach: schon tönt die Harfe Davids
Vor deinem Sauerstoffzelt

In unzählige Meteore
Zerbricht deine Sternenkrone

Alle Wüsten umgeben dich
Um aus dir ihren Sänger zu machen

Ein Nebelkamel kniet nieder
Bereit dich ins Nichts zu tragen

Schon wird der Vollmond deiner Pupille
Zur schwachen Sichel

Blind ohne deine Augen
Werden die Rosen mich nicht wiedererkennen

Wer wird mich vor mir schützen
Vor den Tag- und Nachtgesetzen?

Wenn der Töter auf meinen Balkon steigt
Und die Schlange in der Minze lauert?

Ach! Laß mir diesen letzten Apostelblick!
Nein! Nicht zwischen uns diese Lider aus Stein!

CLAIRE GOLL

Angina

Über den Brunnen deiner Kehle gebeugt
Sah ich deine Mandeln rosiger
Als die Blüten des Mandelbaums
Sah das Instrument das hervorbringt
Das seltene Hochzeitsgedicht

Hier haben deine Küsse ihren Ursprung
Reichen verzweigt hinunter in dein Herz
Hier wird die Stimme geboren
Die ich der Harfe des Engels vorziehe
Hier entspringt der Quell deines Lachens

Der mich mehr berauscht als die Orgel
Der kirchlichen Feste
In diesem rosa wattierten Schrein
Liegen verstreut die kostbaren Namen
Mit denen zur Nacht du mich schmückst

Und von Schwindel ergriffen
Über dem Zauber-Brunnen
Sah ich ihn plötzlich vertrocknet
Seine Seufzer versteint
Durch die Zeit. Anstelle
Der purpurnen Lieder
Den allesvernichtenden Staub

HILDE DOMIN

Herbst

Das Haus der Vögel entlaubt sich.
Wir haben Angst vor dem Herbst.
Manche von uns
malen den Toten das Gesicht
wenn sie fortziehn.
Denn wir fürchten den Winter.

Eine alte Frau, die vor uns stand,
war unser Windschutz,
unser Julilaub,
unsere Mutter,
deren Tod
uns
entblößt.

LUDWIG FELS

Sandbank

Wenn ich von einer
der vielen Brücken schau
und ins Wasser seh
dann treibt der Fluß
alte Leute heran
blaß und in schwarzen Kleidern.
Ich seh sie auf den Grund sinken
leise an den Pfeilern schabend
abwärts in den tiefsten Schlamm.
Von dort blinken nur
noch die Ringe herauf
die einzelnen Ringe.
Das Altersheim ist nebenan.
Kein stolzer Schwan
schwimmt zwischen den Ufern
hin und her, keine Feder
streichelt das Bild.
Nur der Wind
bläht meine Kleider auf.
Die Brücke reicht
nicht bis zum Meer.

HERMANN KASACK

Treibend

Öffne die Luke –
Der Seewind streicht
Über die vielbefahrenen Meere.

Wenn er uns nicht erreicht,
Sind wir auf falschem Kurs:
Schließe die Luke.

Hermann Kasack

Vorüber

Erinnerungen
   Halbtöne der Gedanken,
Eine Tür
   Wird geöffnet,
Durch die
   Niemand eintritt,
Ein Grußwort verhallt
   Im Ohr
Eines lange
   Gestorbenen.

Ludwig Fels

Mein Glück

Es ist mein Glück zu wissen
daß alles vorbeigehn wird
nicht wie der Kelch
in der Bibel
aber ungefähr so ähnlich.
Einmal wird alles aufhörn
zuende sein
so oder so.
Ich liebe meine Arbeit nicht
ich arbeite nicht aus Liebe.
Die Träume zwischendrin
sind unbeschreibbar.
Ich kann mir schon vorstellen
was besser wär
aber es scheitert am Machen.
Ein schönes Leben möchte jeder haben.
Mir tut das schöne Leben der andern weh
die es sich leicht machen
in ihrem Dasein.
Es ist schwer
nichts zu haben.
Es ist zu spät
für ganz von vorn.

Ich hämmer meinen Kopf
auf die Schreibmaschine
bis mir die Worte vergehn
bis ich Schmerzen kriege
im Kopf.

PAUL KLEE

Traum

Ich finde mein Haus: leer,
ausgetrunken den Wein,
abgegraben den Strom,
entwendet mein Nacktes, –
gelöscht die Grabschrift.
Weiß in weiß.

WILHELM KLEMM

Das Autounglück

Das wird eine lange Heimfahrt geben!
Die silbernen Wolken zogen über uns hin.
Es wäre nichts, wenn alles immer im Gleise ginge,
Und ich hatte mir doch so sehr einen schönen September
                                        gewünscht!

Sei klug, sei geschickt, habe Vogelschwingen:
Gottes Gericht zu entgehen wird dir nicht gelingen.
Ich habe das nie bezweifelt, aber wo ist die Grenze
Zwischen Noch nicht und Schon vorbei?

Alle Schlagbäume Deutschlands schlossen sich ordnungsgemäß.
Nur der nicht, der unseren Wagen durchließ,
So daß er vor die Lokomotive geriet.
Wie war es doch? Eulenflügel trugen uns davon.

PAUL KLEE

– helft bauen –

Vogel der singest
Reh das springest
Blume am Fels
im See der Wels
im Boden der Wurm
zu Gott helft bauen
den Turm

echo: »zu Gott«

HANS ARP

Der poussierte Gast (6)

Symmetrisch kommen wir ans Licht.
Vielgliedrig turnen wir darin
den Kopf bekränzt mit Schnurr- und Bart.
Wir sind er ist du bist ich bin.

Das erstemal ins Kellerloch.
Wer kein Geländer hat fällt rein.
Das zweitemal zum zweitenmal
wozu wir plus und minus schrein.

Das Promenadenjahr vergeht
mit dem geschälten Mond im Schlag.
Leer fällt der Hammer von dem Stiel.
Dann kommt die Flasche an den Tag.

Dann strecken wir die Zungen raus
und schlafen wieder aus und ein
mit vielen Stimmen kunterbunt
vielfrüh wie Wolken unterm Stein.

HANS ARP

Das Tagesgerippe (7)

wo sind die blätter
die glocken welken
es läutet nicht mehr in der erde
wo wir einst schritten
ist das licht zerrissen
die spuren der flügel führen ins leere
wo sind die lippen
wo sind die augen
grauenvoll zerschlug sich ihr herz zwischen den
häuptern
der letzte atemzug fällt aus dem körper wie ein
stein
wo wir einst sprachen flieht das blut aus dem feuer
und der gestaltlose kranz dreht sich im schwarzen
grund
unsichtbar für immer ist die schöne erde
die flügel schweben nie mehr um uns

RAINER BRAMBACH

Niemand wird kommen

Niemand kam über das Feld.
Nur Regengewölk, Wind.
Niemand wird kommen, der sagt:

Lehmgestalt, steig aus dem Graben,
ich habe deine Gedanken gehört.
Gehe! Die schöne Welt erwartet dich.

Niemand ruft: He, noch nicht unterwegs?
Dein Freibrief ist gültig,
leicht lesbar die Schrift der Redlichkeit.

Ich sah als Kind auf dem Jahrmarkt
den Tanzbären sich drehen,
hielt mich später am Tage versteckt,
kenne einige Gefängnisse inwendig
und auswendig die Sprache der Henker.

Niemand. Regengewölk, Wind.

GÜNTER EICH

Satzzeichen

Sind gegangen,
sind gegangen wie Vögel, –
wer ging, wer flog,
Komma, Hühner,
Laufvögel, wer ging?

Sind gegangen,
sind geschwommen wie Hühner, –
siechenfarbig, die Bäche hinab,
wer ging, wer schwamm,
Fische, Fremdlinge,
Semikolon, wer ging?

Sind gegangen,
sind geflogen wie Fische,
wer ging, wer schwamm,
wer ist gestorben,
Hühner, unauffällige Kunden,
Fragezeichen,
Grenzgänger, wer ging?

ILSE AICHINGER

Abgezählt

Der Tag, an dem du
ohne Schuhe ins Eis kamst,
der Tag, an dem
die beiden Kälber
zum Schlachten getrieben wurden,
der Tag, an dem ich
mir das linke Auge durchschoß,
aber nicht mehr,
der Tag, an dem
in der Fleischerzeitung stand,
das Leben geht weiter,
der Tag, an dem es weiterging.

Ilse Aichinger

Durch und durch

Wir sind alle
nur für kurz hier eingefädelt,
aber das Öhr
hält man uns seither fern,
uns Kamelen.

Ernst Eggimann

nun kenne ich ihn

nun kenne ich ihn
er spielt immer das gleiche stück
seit ich erwachsen bin
ohne pause spielt er
immer fehlerloser immer das stück
ohne pause er spielt immer dasselbe
seit ich erwachsen bin
spielt er immer das gleiche stück
nun ist er weg

ich höre

klänge die keiner spielen kann
klänge die keiner hört
keiner der hört

wer spielt

Ernst Eggimann

bohnen sind weisse kiesel

bohnen sind weisse kiesel
bohnen sind schwarze kiesel
bohnen im sack klingen weiss und schwarz
wage es
greife einen einzigen kiesel heraus

weiss oder schwarz
er wird
eine rote blüte

die rebenblätter rot
heisst herbst
die grünen rebenblätter vom frühling rot
heisst herbst
die rebenblätter des winters
sind schwarz

wo der himmel zickzack
in die tannenspitzen hineinwächst
sitzt ein vogel
drei abgebrannte streichhölzer
liegen in richtung der sonnenbahn
das kinn aufgestützt der ellbogen
auf dem tisch
hier

lass es fallen
da fällt schnee
schief durch mich hindurch
weiss
keine dinge mehr
kein weg und
da geht einer weiss im weissen
ohne spur

ERNST EGGIMANN

nid nala gewinnt

nid nala gewinnt
i setzes düre
nid nala gewinnt
i schteckes düre
nid nala gewinnt
i schtieres düre
nid nala gewinnt

du setzgrind
du schteckgrind
du schtieregrind
nid nala gewinnt
düre
du grind

nüt da
wotti
bini
hani
tueni
was wosch iz no
was bisch iz no
was hesch iz no
nüt da
süsch tue di de

wenn isch de geschter
lieber geschter aus hütt
geschter isch
geng guet
geschter isch
besser
besser aus hütt
viu besser aus morn
geschter isch
fescht
gäu gli isch geschter

iss zuppe jitz
de trüeisch de
iss zuppe jitz
de wachsisch de
iss zuppe jitz
de blüeisch de

de schaffisch u hoffisch de
so müeisch di de ab
u de
de isch de
de
iss zuppe jitz
zletscht schtirbsch de

wi si hüt d bärge so föhn
mi chopf
u ds blau so föhn
mi chopf
u d böim so föhn
mi chopf wird geng gröser
u dini ouge so föhn
mi chopf wird geng gröser
u du so föhn
mini chöpf
so föhn

JESSE THOOR

Selig ist ...

Selig ist der allmächtige Vater, Schöpfer des Himmels und der Erde.
Selig ist der einzige Sohn, denn er sitzet zur rechten Hand Gottes.
Selig ist die verklärte Mutter .. sie kommt und bittet für uns.
Selig ist das Licht über allen Dingen ohne Anfang und ohne Ende.

Selig sind die Hügel, die Berge .. und die verschiedenen Schluchten.
Selig sind die Bäche, die Wiesen, die Sträucher und die Bäume.
Selig sind die Steine und die Metalle, die Straßen und die Wege.
Selig sind die Töpfe, die Geräte, die Scheunen, die Häuser.

Selig sind die gewaltigen Ströme, die aus den Tälern hervorbrechen.
Selig sind die Wolken, die sich öffnen und die herabfallen.
Selig sind die Dächer und die Türme, die im Winde einstürzen.

Selig sind die trocknen Bretter und Balken, die lichterloh brennen.
Selig sind die geborstenen Wände, die der Sturm ganz niederreißt.
Selig selig sind die Propheten .. die schweigen und ausruhen dürfen.

MARIE LUISE KASCHNITZ

Mann und Maus

Zwar eines Tages öffnet sich das Meer
Für Mann und Maus
Zwischen grüngläsernen Wächten
Führ ich die meinen
Trockenen Fußes
Schellenklirrend
Auch mit Schalmeien
Dir entgegen
Alles wie einst.
Nur daß auf der Hälfte des Wegs
Bei dem gesunkenen Schiff
O ihr toten Augen
Ihr tangüberwachsenen Lippen
Liebe Brüder gescheiterte
Euch
Zu liebkosen versäum ich die Zeit
Über mir schließt sichs und wallt

Du unerreichbarer Strand.

MARIE LUISE KASCHNITZ

Zuende

Vielleicht ein Feuer
Springfeuer von Stadt zu Stadt
Oder ein Wasser
Schleichwasser die Mauern durchtränkend
Eine Säure Freßsäure, die Eisen zu Staub frißt
Oder ein Erdstoß, Stoßerde
Unruhe große im Schilf
Äste-aufrecken der Bäume
Umfalten der Berge
Und Flüsse zurückgepeitscht
Großer Lärm auf den Bahnhöfen
Züge dachreitervoll
Trittbrettüberladen
Archaischen Dampf ausstoßend
Keuchende Züge
Unterwegs zu den Küsten
Von wo sie über die Klippen
Sich stürzen ins Bodenlose
Wie Lemminge und das Meer
An allen Küsten das Meer
Aufschäumt tritt über.

KARL KROLOW

Gesang vor der Tür

Vor der Tür singt einer.
Doch niemand öffnet.
Einen Steinwurf weit beginnen
Die Blumen zu welken.
Keine Münze klirrt.
In der Nähe sammeln sich Schatten
In Häuserecken.
Kein Handschuh fällt zu Boden.
Aber der Himmel ist inzwischen
Finster geworden,
Und der vergoldete Feldherr im Park
Stürzte sich in sein Schwert.

Vor der geschlossenen Türe
Die Stimme zerstört die Zeit.
Marodeure zünden an ihrem Grabe
Ein Feuer an.

Erst der Jüngste Tag
Wird vor der Tür den Gesang
Zum Schweigen bringen.

INGEBORG BACHMANN

Die gestundete Zeit

Es kommen härtere Tage.
Die auf Widerruf gestundete Zeit
wird sichtbar am Horizont.
Bald mußt du den Schuh schnüren
und die Hunde zurückjagen in die Marschhöfe.
Denn die Eingeweide der Fische
sind kalt geworden im Wind.
Ärmlich brennt das Licht der Lupinen.
Dein Blick spurt im Nebel:
die auf Widerruf gestundete Zeit
wird sichtbar am Horizont.

Drüben versinkt dir die Geliebte im Sand,
er steigt um ihr wehendes Haar,
er fällt ihr ins Wort,
er befiehlt ihr zu schweigen,
er findet sie sterblich
und willig dem Abschied
nach jeder Umarmung.

Sieh dich nicht um.
Schnür deinen Schuh.
Jag die Hunde zurück.
Wirf die Fische ins Meer.
Lösch die Lupinen!

Es kommen härtere Tage.

HUGO VON HOFMANNSTHAL

Der Schiffskoch, ein Gefangener, singt:

Weh, geschieden von den Meinigen,
Lieg ich hier seit vielen Wochen;
Ach und denen, die mich peinigen,
Muß ich Mahl- um Mahlzeit kochen.

Schöne purpurflossige Fische,
Die sie mir lebendig brachten,
Schauen aus gebrochenen Augen,
Sanfte Tiere muß ich schlachten.

Stille Tiere muß ich schlachten,
Schöne Früchte muß ich schälen
Und für sie, die mich verachten,
Feurige Gewürze wählen.

Und wie ich gebeugt beim Licht in
Süß- und scharfen Düften wühle,
Steigen auf ins Herz der Freiheit
Ungeheuere Gefühle!

Weh, geschieden von den Meinigen,
Lieg ich hier seit wieviel Wochen!
Ach und denen, die mich peinigen,
Muß ich Mahl- um Mahlzeit kochen!

GABRIELE WOHMANN

Ich bin kein Insekt
Aber insektenmäßig
Bin ich auf den Rücken gefallen
Meine Beine
Suchen den Boden in der Luft
Ich habe Glück
Ich kippe mich seitlich um
Ich befinde mich auf meinen Füßen
Ich mache Gehversuche
Es geht Ich gehe
Aber jemand erinnert sich an sein Spiel

Jemandem nützen meine Gehversuche überhaupt nichts
Jemand dessen Spiel ich verdarb
Legt mich ganz freundlich zurück
Das Spiel hat experimentellen Charakter
Ich bin wieder auf dem Rücken
So bin ich brauchbar
In Rückenlage bin ich einige Beobachtungen wert
Sofern ich mich in mein Pech schicke
Ich bin Lehrstoff
Ich diene dem Fortschritt
Mit mir kann man etwas beweisen.

GABRIELE WOHMANN

Ich war mit dem Abschiedsbrief fertig
Da erblickte ich die schwarzen Flecken auf meinen Händen
Ich wusch meine Hände
Sofort in Seifenschaum
Ich bekam einige Grautöne ins Schwarz

PETER RÜHMKORF

Variation auf »Abendlied« von Matthias Claudius

Der Mond ist aufgegangen.
Ich, zwischen Hoff- und Hangen,
rühr an den Himmel nicht.
Was Jagen oder Yoga?
Ich zieh die Tintentoga
des Abends vor mein Angesicht.

Die Sterne rücken dichter,
nachtschaffenes Gelichter,
wie's in die Wette äfft –
So will ich sing- und gleißen
und Narr vor allen heißen,
eh mir der Herr die Zunge refft.

Laßt mir den Mond dort stehen.
Was lüstet es Antäen
und regt das Flügelklein?

Ich habe gute Weile,
der Platz auf meinem Seile
wird immer uneinnehmbar sein.

Da wär ich und da stünd ich,
barnäsig, flammenmündig
auf Säkels Widerrist.
Bis daß ich niederstürze
in Gäas grüne Schürze
wie mir der Arsch gewachsen ist.

Herr, laß mich dein Reich scheuen!
Wer salzt mir dort den Maien?
Wer sämt die Freuden an?
Wer rückt mein Luderbette
an vorgewärmte Stätte,
da ich in Frieden scheitern kann?

Oh Himmel, unberufen,
wenn Mond auf goldenem Hufe
über die Erde springt –
Was Hunde hochgetrieben?
So legt euch denn, ihr Lieben
und schürt, was euch ein Feuer dünkt.

Wollt endlich, sonder Sträuben,
still linkskant liegen bleiben,
wo euch kein Scherz mehr trifft.
Müde des oft Gesehnen,
gönnt euch ein reines Gähnen
und nehmt getrost vom Abendgift.

Peter Handke

Die unbenutzten Todesursachen

Indem ich mit mir selber wette, betrete ich blindlings
den Liftschacht – aber der Aufzug ist da: habe ich die Wette
                                          verloren?
Ich lasse es darauf ankommen und gehe im Herbst
durch den Wald – aber die Treibjagd ist schon zuende:
                    auf was habe ich es ankommen lassen?

Ich nehme mich zusammen und gehe über die Straße –
aber alle Fahrzeuge fahren an mir vorbei: welchen Sinn hatte
es, daß ich mich zusammennahm?

Wenn ich im Fleischerladen bin, gelten die Beilhiebe nicht mir.
Wenn ich die Starkstromleitung berühre, trage ich Schuhe mit
Gummisohlen.
Wenn ich mich aus dem Fenster beuge, ist die Brüstung zu
hoch.
Wenn ich stolpere, stolpere ich auf dem Erdboden.
Wenn ich falle, falle ich glücklich.
Wenn ich auf dem Gerüst stehe, ist das morsche Brett schon
entfernt worden.
Wenn ich mit der Schußwaffe spiele, sind meine Finger zu
ruhig.
Wenn ich auf die Schlange trete, ist die Schlange schon tot:
Es nützt nichts, daß ich in kochendes Wasser falle – es ist nur
ein Traum.
Es schadet nichts, daß ich von Kannibalen gegessen werde –
ich bin nur die Figur eines Witzes.
Es tut nichts zur Sache, daß mir der Kopf von einem
Gorilla abgebissen wird – ich bin nur der Held einer
Geschichte.

Während die Stricknadel unbenutzt im Wollknäuel steckt,
während die Rasierklinge unbenutzt neben dem Waschbecken
liegt,
während das Pflaster unbenutzt tief genug unter mir liegt,
während der Lastwagen unbenutzt gegen die Mauer
zurückstößt,
während die Tür des Kühlschranks unbenutzt zufällt,
während die tödliche Dosis unbenutzt dort im Schrank steht,
während anderswo unbenutzt tödliche Kälte herrscht,
während anderswo Feuer unbenutzt niederbrennt,
während Felsblöcke woanders aufschlagen,
während zum Töten Ermächtigte woanders andere töten,
während nicht zum Töten Ermächtigte woanders andere töten,
während andere zum Töten Ermächtigte woanders
andere zum Getötetwerden Verpflichtete töten und
während woanders andere zum Getötetwerden Verpflichtete
andere zum Töten Ermächtigte töten,
während
Messerspitzen,

Axtschneiden,
Gammastrahlen,
scharfkantige Steine,
rasende Eisenbahnen,
Straßenwalzen,
Gletscherspalten,
rotierende Propeller,
Treibsand,
giftige Pilze,
giftiger Schimmel,
tödliche Spinnen auf Bananen,
flüssiger Stahl,
Minenfelder,
kochendes Pech,
ausströmendes Gas,
tiefes Wasser
unbenutzt sind,

stehe ich hier auf *meinem* Platz,

einen Schritt zu weit weg von der Bananenschale,
mehr Schritte zu weit weg vom rotierenden Propeller,
noch mehr Schritte zu weit weg von der Spitze des Holzflocks,
                              der in die Erde gerammt wird,
noch mehr Schritte zu weit weg von der Spitze des Brieföffners,
                              der neben mir liegt,
am meisten Schritte zu weit weg vom Liftschacht, der leer ist –
und atme nicht ein
und atme nicht aus
und rühre mich nicht vom Fleck.

Raoul Hausmann

Nichts

Sagen Sie, was kann man da machen?
Da kann man nichts machen, denn da ist nichts zu machen.
Wenn da nichts zu machen ist, ist nichts zu machen.
Warum wollen Sie etwas machen, das führt stets zu nichts.
Wenn nichts zu nichts führt, führt nichts zu etwas.

Etwas ist immer nichts, deshalb ist etwas nichts.
Also ist nichts nichts und etwas ist auch nichts.
Da ist nichts zu machen, da hilft alles nichts.
Na sagen Sie mal, da hört alles auf.

GEORG HEYM

Der Gott der Stadt

Auf einem Häuserblocke sitzt er breit.
Die Winde lagern schwarz um seine Stirn.
Er schaut voll Wut, wo fern in Einsamkeit
Die letzten Häuser in das Land verirrn.

Vom Abend glänzt der rote Bauch dem Baal,
Die großen Städte knien um ihn her.
Der Kirchenglocken ungeheure Zahl
Wogt auf zu ihm aus schwarzer Türme Meer.

Wie Korybanten-Tanz dröhnt die Musik
Der Millionen durch die Straßen laut.
Der Schlote Rauch, die Wolken der Fabrik
Ziehn auf zu ihm, wie Duft von Weihrauch blaut.

Das Wetter schwelt in seinen Augenbrauen.
Der dunkle Abend wird in Nacht betäubt.
Die Stürme flattern, die wie Geier schauen
Von seinem Haupthaar, das im Zorne sträubt.

Er streckt ins Dunkel seine Fleischerfaust.
Er schüttelt sie. Ein Meer von Feuer jagt
Durch eine Straße. Und der Glutqualm braust
Und frißt sie auf, bis spät der Morgen tagt.

ERNST STADLER

Ballhaus

Farbe prallt in Farbe wie die Strahlen von Fontänen,
    die ihr Feuer ineinanderschießen,
Im Geflitter hochgeraffter Röcke

und dem Bausch der bunten Sommerblusen.
Rings von allen Wänden, hundertfältig
Ausgeteilt, strömt Licht.
Die Flammen, die sich zuckend in den Wirbel gießen,
Stehen, höher, eingesammelt,
in den goldgefaßten Spiegeln, fremd und hinterhältig,
Wie erstarrt und Regung doch in grenzenlose Tiefen
weiterleitend, Leben, abgelöst und fern
und wieder eins und einig mit den Paaren,
Die im Bann der immer gleichen Melodien,
engverschmiegt, mit losgelassnen Gliedern schreitend,
Durcheinanderquirlen: Frauen, die geschminkten
Wangen rot behaucht, mit halb gelösten Haaren,
Taumelnd, nur die Augen ganz im Grund ein
wenig matt, die in das Dunkel leerer Stunden laden,
Während ihre Körper sich im Takt
unkeuscher Gesten ineinanderneigen,
Ernsthaft und voll Andacht:
und sie tanzen, gläubig blickend, die Balladen
Müd gebrannter Herzen, lüstern und verspielt,
und vom Geplärr der Geigen
Wie von einer zähen lauten Flut umschwemmt.
Zuweilen kreischt ein Schrei.
Ein Lachen gellt. Die Schwebe,
In der die Paare, unsichtbar gehalten,
schaukeln, schwankt.
Doch immer, wie in traumhaft irrem Schwung
Schnurrt der Rhythmus weiter
durch den überhitzten Saal ...
Daß nur kein Windzug jetzt
die roten Samtportieren hebe,
Hinter denen schon der Morgen wartet,
grau, hager, fahl ...
bereit, in kaltem Sprung,
Die Brüstung übergreifend, ins Parkett zu gleiten,
daß die heißgetanzten Reihen jählings stocken,
Traum und Tanz zerbricht,
Und während noch die Walzerweise
sinnlos leiernd weitertönt,
Tag einströmt und die dicke Luft von Schweiß,
Parfum und umgegossnem Wein zerreißt,
und durch das harte Licht,

Fernher rollend, ehern, stark und klar,
    das Arbeitslied der großen Stadt
    durch plötzlich aufgerissene Fenster dröhnt.

NELLY SACHS

Sieh doch

sieh doch
der Mensch bricht aus
mitten auf dem Marktplatz
hörst du seine Pulse schlagen
und die große Stadt
gegürtet um seinen Leib
auf Gummirädern –
denn das Schicksal
hat das Rad der Zeit
vermummt –
hebt sich
an seinen Atemzügen.

Gläserne Auslagen
zerbrochene Rabenaugen
verfunkeln
schwarz flaggen die Schornsteine
das Grab der Luft.

Aber der Mensch
hat *Ah* gesagt
und steigt
eine grade Kerze
in die Nacht.

JOHANNES SCHENK

Schichtzettel

Die verwinkelten Lagerschuppen,
der einarmige Pförtner und
die unerhörten Schreie der Männer
in der Halle beim Warten

auf welche Schicht, drüber
die bedrohlichen der Arbeits-
verteiler auf den Podesten.
Und die Herbstblätter des Hafens,
die Schichtzettel,
wodrauf gedruckt ist:
der Kai welches Schiff welches Tor
welche Gang,
ob Schaufel ob Sackhaken,
mit denen sich die Leute
wieder acht Stunden
die Muskeln aufreißen müssen
aus ihren Armen. Dahinter
dies gar nicht schöne
Heulen und Tuten
der verdammten bemalten Dampfer.

Jürgen Theobaldy

Nah bei der Boutique

Der Mann, betrunken auf dem Trottoir
an einem Nachmittag im März,
macht die Leute hilflos, hilflos
wie er ist, um hochzukommen, er fällt
zurück und wieder auf den Stein.

Vier, fünf Leute stehen herum,
jeder wortlos und für sich,
ein Mann mit naßgekämmten Haaren
tritt aus der Griechenbar, zieht
an seiner Zigarette und sieht her.

Er wartet; die Leute warten darauf,
daß jemand kommt in Uniform und hilft
und sie von diesem Bild befreit,
das sie beklommen macht und hart,
dann taucht der Stadtbus auf.

Der Mann, er bleibt zurück,
elend in der Mittagssonne, nah

bei der Boutique, wo sich die junge Frau
in Fenster beugt und das glitzernde
Jackett aus seinen Augen nimmt.

ROLF DIETER BRINKMANN

Einen jener klassischen

schwarzen Tangos in Köln, Ende des
Monats August, da der Sommer schon

ganz verstaubt ist, kurz nach Laden
Schluß aus der offenen Tür einer

dunklen Wirtschaft, die einem
Griechen gehört, hören, ist beinahe

ein Wunder: für einen Moment eine
Überraschung, für einen Moment

Aufatmen, für einen Moment
eine Pause in dieser Straße,

die niemand liebt und atemlos
macht, beim Hindurchgehen. Ich

schrieb das schnell auf, bevor
der Moment in der verfluchten

dunstigen Abgestorbenheit Kölns
wieder erlosch.

URSULA KRECHEL

Frischer Saft

Er auf dem Barhocker mit glänzenden Schuhen
wippend, sie hinter der Theke an der Saftpresse
dünne Haut, ein Mädchen aus der Arbeiterklasse
das schlecht schläft, er schwarz, sie weiß.

Ein leuchtender Sonntag im nassen Vorfrühling
im Schaufenster der Bar die übliche Hot-Dog-Reklame
eine dampfende lachende Wurst und handgemalt
in zitterndem Grün daneben ein zweites Schild:

»Gesunde Gemüsesäfte hier frisch aus der Presse«.
Er bestellt Möhrensaft, ein gesundes Glas voll
in der Music-Box eines dieser gezähmten Lieder
die du sofort vergißt. Das Mädchen bückt sich

tief unter die Theke in den Kühlschrank, taucht auf
wirft die Kühlschranktür ins Schloß, das knackt
sieht den Schwarzen an, Mütze auf dem Kopf
der sieht sie an, raucht, sieht einfach zu

wie sie Möhrensaft macht, frischen, gesunden
wie sie die Möhren unterm Wasserhahn schrubbt
das dicke, dunkle Ende wegschneidet, sitzt da
und guckt, wie ein Mädchen für ihn arbeitet

an einem Sonntagnachmittag, an dem du noch viel
erleben kannst, wenn du willst, hier und anderswo.
Der Motor der Saftpresse rasselt, röhrt. Das Mädchen
steckt die Möhren tief in den Schlund der Presse

hält sie mit spitzen Fingern, bis sie verschwinden
und ihre Fingerspitzen mit. Saft aus ihren Fingern
denkst du, Möhrensaft fließt in ein Glas, kleckert.
Er legt seine Mütze genau zwischen den Aschenbecher

und sein Feuerzeug, schnippt die Asche weg wie nichts.
Bei der letzten Möhre schaut sie ihn prüfend an.
Ist etwas nicht in Ordnung? stellt das Glas
auf einen Plastikteller, stellt es vor ihn hin

auf die Theke dicht neben seine karierte Mütze
vorsichtig, als sei was nicht in Ordnung, als sei
hier Dynamit versteckt, steht dann mit eng verschränkten
Armen an der Theke, die nicht ihre ist.

Jetzt wippt nur sein Kehlkopf, er trinkt rasch
in großen Schlucken, legt das Geld ganz dicht
neben den Plastikteller mit dem feuchten Kranz aus Saft
setzt die Mütze auf, ist weg durch die Drehtür

als sie sich gerade bückt, die Möhrenenden
in der Hand über dem Abfallkübel, der stinkt
und mit Schwung, das hättest du nicht gedacht
wirft sie den neuen zu dem alten Abfall.

ROLF DIETER BRINKMANN

Oh, friedlicher Mittag

mitten in der Stadt, mit den verschiedenen
Mittagessengerüchen im Treppenhaus. Die Fahrräder
stehen im Hausflur, abgeschlossen, neben
dem Kinderwagen, kein Laut ist zu hören.

Die Prospekte sind aus den Briefkästen
genommen und weggeworfen worden. Die Briefkästen
sind leer. Sogar das Fernsehen hat die türkische
Familie abgestellt, deren Küchenfenster

zum Lichtschacht hin aufgeht. Ich höre
Porzellan, Teller und Bestecke, dahinter
liegen Gärten, klar und kühl, in einem blassen
Frühlingslicht. Es sind überall die seltsamen

Erzählungen von einem gewöhnlichen Leben ohne
Schrecken am Mittwoch, genau wie heute. Der Tag
ist, regenhell, verwehte Laute: oh friedlicher
Mittwoch mit Zwiebeln, auf dem Tisch,

mit Tomaten und Salat.
Die Vorhaben und Schindereien sind
zerfallen, und man denkt, wie friedlich
der Mittwoch ist

Wolken über dem Dach, blau, und
Stille in den Zimmern, friedlich und still und
genauso offen wie Porree, wie Petersilie grün ist
und die Erbsen heiß sind.

JÜRGEN BECKER

Langsam, ein Sonntag

Im hellen Dunst des Mittags. Über den Vorort
zieht der Geruch von Braten und Mokka.
Die Augenblicke möglicher Versöhnung. Immer noch
sind die Straßen leerer als sonst. Und
die Mehrheit der Bäume atmet.

JÜRGEN BECKER

Im Schatten der Hochhäuser

Die Leute unten haben schlechteren
Fernseh-Empfang. Ihre Kinder, die kleinen,
schießen den ganzen Tag; die größeren
schaffen mehr noch mit ihren Mofas.

Die Leute unten leben in der Nähe
der Wiesen, die mit leeren
Fläschchen und Päckchen, Kippen
und Hundekacke bestreut sind.

Die Leute unten haben weniger Himmel
und zahlen weniger Miete; sie sparen
für Fertighäuser auf dem Land, wo
die Autobahn nahe,
das Kraft- und das Klärwerk im Bau
und der Fernseh-Empfang klar ist.

JÜRGEN BECKER

Am Stadtrand, Militärringstraße

Diese Männer abends auf den Wiesen,
vorbeifahrend sehe ich
den Ernst und die Wut beim Ballspiel,
sie könnten gut kämpfen,
und sie kämpfen ja auch
bis zum Dunkelwerden
vor der brennenden Front der Forsythien.

INGEBORG BACHMANN

Reklame

Wohin aber gehen wir
ohne sorge sei ohne sorge
wenn es dunkel und wenn es kalt wird
sei ohne sorge
aber
mit musik
was sollen wir tun
heiter und mit musik
und denken
heiter
angesichts eines Endes
mit musik
und wohin tragen wir
am besten
unsre Fragen und den Schauer aller Jahre
in die traumwäscherei ohne sorge sei ohne sorge
was aber geschieht
am besten
wenn Totenstille

eintritt

GOTTFRIED BENN

Fragmente

Fragmente,
Seelenauswürfe,
Blutgerinnsel des zwanzigsten Jahrhunderts –

Narben – gestörter Kreislauf der Schöpfungsfrühe,
die historischen Religionen von fünf Jahrhunderten
                                        zertrümmert,
die Wissenschaft: Risse im Parthenon,
Planck rann mit seiner Quantentheorie
zu Kepler und Kierkegaard neu getrübt zusammen –

aber Abende gab es, die gingen in den Farben
des Allvaters, lockeren, weitwallenden,
unumstößlich in ihrem Schweigen
geströmten Blaus,
Farbe der Introvertierten,
da sammelte man sich
die Hände auf das Knie gestützt
bäuerlich, einfach
und stillem Trunk ergeben
bei den Harmonikas der Knechte –

und andere
gehetzt von inneren Konvoluten,
Wölbungsdrängen,
Stilbaukompressionen
oder Jagden nach Liebe.
Ausdruckskrisen und Anfälle von Erotik:
das ist der Mensch von heute,
das Innere ein Vakuum,
die Kontinuität der Persönlichkeit
wird gewahrt von den Anzügen,
die bei gutem Stoff zehn Jahre halten.

Der Rest Fragmente,
halbe Laute,
Melodienansätze aus Nachbarhäusern,
Negerspirituals
oder Ave Marias.

Günter Kunert

Daystream

Das ist keine fragile einsame Sänfte
aus Zirruswolken; nicht Selbstvergessen
durchs Narkotikum der Auspuffgase, danach der See
von Plagen überquert ist; auch nicht
das Einfache, das schwer zu machen, sondern
einfach da ist und hier wie überall:
angekündigt von blanker Bö, die Straßen entgiftet,
Scheiben zerklirrt, Hüte abschlägt: Kopf hoch –
wer noch einen hat!

Unsichtbarer Saint Lawrence voller Stromschnellen:
Daystream.

Daystream nimmt jeden mit, wie Straßenbahnen,
wie Nymphomane, aus Hitze und Kälte gepaart,
vermischt mit pulverisiertem Platin:
dem Dunst großer Städte im Frühjahr,
mit der harmonischen Dissonanz von Herzschlag und Beat,
dem hochkarätigen Sender, kommt von weit,
von weit Daystream, und schäumt überraschend
ins meist mürrische Seelenbecken,
füllt das Individuum, krank von Individualität
(ein Preßstoffprodukt), spült es durch, saugt es auf,
schwemmt es mit, o Kork voll Blut und Wunden,
fröhlich gekreuzigt auf rotierendem Daystream,
Duftkatarakt, gespeist
von vielen Quellen: Benzin Parfüm Achseln
duldsamer Frauen, ihrem Gestrüpp und dem
irdener Erde:
Geruch der Windrose, Pflanze der Sehnsucht
nach Reisen, reisend an Ort und Stelle
auf Daystream
in der privateigenen Psyche buntem Innern:

Gebrochenes Glas, Wind pfeift durch.
Kurzfristig verwechselt
mit dem Atem Gotts, mit dem Anhauch der Welt,
mit dem Odem heiterer Katharsis,
Geflüster, Luftzug, daraus
ein unbegreifliches Wort sich gebildet:
Daystream.

FRIEDERIKE MAYRÖCKER

Text dem Mazedonischen angenähert

(»... und ist wie Ahorn besamt; Schwan; sich annähern;
wo kein Schwan; in see stechen (in Bottnischen Meerbusen);
annähernd französisch; die groszen oder die kleinen
antillen?
de Gaulle und kordialer Archipenko – übrigens ordinale
stokowskis: le premier ...

topos: immer mehr im bereich toller Invaliden bis ans knappe
Knie
Paraguy eingesegnet mit Ruhr-Nachrichten
(was man nur typisch respektieren kann!)
neue feierabende; sich annähern; vielgegürtet:
    Marmormolch; Kugelkopf; Fransenfinger; Zander; Zingel;
    Streber; Kupferkopf; Taschenfrosch; Grabfrosch & ver-
wandte;
    Tabakspfeife; see-Hase; Döbel; Häsling; Blödauge;
    gewöhnlicher Nimmersatt; sing-Schwan; Trauerschwan –
er lebt in grün; und Auge mein Bild; tropisch/annähernd
durchzupauken; noch als vergänglich zu sein; gleich zu sein
Zehlendorf (witzig in der dritten Etage) sinnreiche schönheit
Waldapfel wald-tief; verluste um das vollkommene Lied
(Mazedonien)
schon mein Groszvater aus der grünen wilden mazedonischen
Nacht...
Reklame-Zeppelin (während die echte Spannweite
    der Königin von England): .. a little mütze ..
und Madame Jochbein beim mächtigkeits-springen
wir: Charlotte; oder: Nous: Charlott' .. (lokomotiva saga)
in Stummfilmen
auf dem Meeresgrunde
sicher mehrere Wehmüller: ordinarius über Versuche um die
    eruptionsgestalt der seele
schaut brandflug-weisz wie Stunden (»horen«) – und warten;
ein eilig pärchen: dolchig zu zweit gegen alle/starren brust-herz

oh! whimsical world
lama-schön
ein Pferdepatron rittlings (St. Stephan? St. Leonhard?) als
stapelreiz;
hat inneren Sobotka bereit; sich annähern/Parallele zur
Augenliebe
lösegeld; verzückung;
    über mehrere Regentage

(was ist erwartung?)
und mehrmals wimperngrusz
hat fuchs-farbig im Arm
liegend: a nosegay
und die leisen tastenden geräte fragend/mag sein dasz ..
wenige Schritte weiter: fremde Frau erzählt einem Blinden das
Wetter;

durchs dada-öhr gefädelt – eine trockene Tages-Zeit
endlich/und die verzahnte
   Burschenschaft

                           gehörig erblondet/abgewandt

wer bläst neu-horn?
ist vereinzelt werben
auch aber-horn/ahorn/vorsichtig

                               . . masz-lieb

säumen vollkommen still bei- und abgetan
wie allerort . .«)

GABRIELE WOHMANN

Strom
(Einem Verbandsvorsitzenden in der Energiewirtschaft gewidmet)

Der Tiber wird nicht Strom sondern Fluß genannt
Stadtführer bezeichnen ganze Jahrhunderte längs des Tiber
                       als ruhmreich
Rom ist mit einem Fluß, aber auch mit Strom versorgt
In der Deutschen Akademie verfügen die Stipendiaten über
                       zwei Stromstärken
Wir gebrauchen das Prädikat ruhmreich nie im Zusammenhang
                       mit Strom
Dreiundzwanzig Brücken führen von Stadtteil zu Stadtteil über
                   den tiefliegenden Tiber
Die beiden Stromstärken in den Ateliers betragen 220 Volt und
                      110 Volt

Die beiden ältesten Brücken Roms
Diese frühsten Bauwerke über den hellgrünen seichtaussehenden
               Tiber zwischen gemauerten Uferbänken
Heißen Ponte Sublicio und Ponte Emilio
Der Lichtstrom im Atelier hat 110 Volt Spannung
Der Ponte Sublicio zu Füßen des Aventins wurde von Marzio
                   aus Holz errichtet
Und berühmt durch die Heldentaten des Orazio Coclite
Beim 220 Volt-Stecker ist der Abstand der Dorne größer als
                    normal
Zwei Architekten sind für den Bau des Ponte Emilio
                    verantwortlich

Wir nennen normal was wir kennen
Außer allem was wir sonst noch normal nennen

Über eine Brücke gehen ist normal
Einen Lichtschalter bedienen ist normal
Bei den verschiedenartigen Ansichten über den Tiber
Kommt man mit der Bezeichnung normal nicht mehr aus
Ob es normal ist, daß man den Tiber schön oder weniger
                                       schön findet
Kann nicht fixiert werden
Ob es normal ist, daß in den Ateliers das Schuko-System noch
                                    nicht eingeführt wurde
Läßt sich schwer entscheiden
Die Schiffbarkeit des Flusses Tiber verringerte sich mit dem
                                   Verfall des Kaiserreichs
Die Römer tranken das Wasser des Tiber bis zum Jahre 441
Acqua Appia, von Appius Claudius der Stadt Rom zugeführt
Eine Zeit mit Fluß und ohne Strom
Bei Strömen und Strom ist Vorsicht geboten
Die Direktion liefert Zwischenstecker
Große Beanspruchung vertragen Zwischenstecker nicht
Auch Flüsse sind gefährlich, auch seicht aussehende, auch der
                                   Tiber
Wenn man ein schukogesichertes Gerät mit größerer
                         Wattleistung anschließt
Werden Leitungen, Stecker und Dosen warm bis heiß
Warm bis heiß ist es am Tiber mittags im Februar
Während der Fluß entspringt, mündet und von einem zum
                         andern geografischen Ort fließt
Während der Strom im geschlossenen Stromkreis strömt
Kann nicht allgemeinverbindlich geklärt werden
Ob das normal ist oder erstaunlich
Es kommt auf ein Zusammenwirken von Fantasie und
                         Kenntnissen an
Am Tiber ist die warme Februartemperatur normal
Am 25. Februar wird mehr Strom verbraucht
Das ist bei feierlichen Anlässen normal
Normale Verhältnisse
Über die
Ohne Abzug von 1,5 Prozent Umsatzsteuer
Elektrizitätsgesellschaften sich freuen.

Ffm.Hbf.

›mit Ausweise ohne Ausweise falsche Ausweise‹ (Volksredner im Frank-
furter Hauptbahnhof)

Aufrechtbildsucher
Rutenfischer   Vorsteher   ein
Germanist   ein Onanist   ein Rotarmist (der in Zivil)
ein Defätist   ein Hydrophyt   ein Mannschaftsarzt (mit Macht-
gefühl)   ein Rabulist (im Kunstgewühl)   ein Fatalist
(mit Lustgefühl)   ein Monarchist (im Durstasyl)   ein Bigamist
(im Stegreifstil)   verholzt   verduzt   und
langgeschwänzt   im knöcheltiefen Persergrill   im
Trauerspuk   im
Lichterspiel
mit einem Doppelhenkelkreuz   mit Schnauz
und mit Zylinderstutz
meist ehescheu   palavertreu
buscheichelfest und stachelfit
Klaffmuschel und ein Eremit: der staubbeheizt
irreguliert   die andere mit Nabennut
im Marx- und Engels-Institut   in Grünkernmehl
o Sessellift   Verschiffungsfrist der Drohnenbrut   ein Hülsen-
aufsteckautomat   mit einem Afterdiamant
ein Seifenwäscherfabrikant: isst Kukurruz ist
Amateur   beim ersten Primavistaspiel
mit einem Flimmerepithel   mit einem Schlitz- und
Kugelziel   mit Hanf- und Hechel-
Kriegelstein   mit Pomuchel und Perihel
mit Patience
mit Zellzerfall
mit Infraschall   Verdienstausfall
mit Antifriktionsmetall   im Koffer einen Volleyball
die Dame mit dem Jagdunfall
im Overall (da Krankheitsfall)
mit ihrem hohen Wasserfall
(verführte so den Reichsmarschall) o Nachtigall   Kulturverfall
Weltpostverein und Irresein
Ergußgestein mit Auslaufschein
Reliquienschrein mit Kasein

Gewissenspein und Rentnerin
Gebärerin Serviererin
Finair-Baronin Heroin
der Cimbelist   die gute Tat   das
Maultier sitzt beim Blattspinat   es
sabbelt   schwabbelt   veterinär
das Fahrbenzin   die Klimax her
der Britin extra-uterin
ein Hoch der Weltraummedizin
ein quicker Borstenpinguin
im Frack durchs Pulvermagazin
absäbeln   schwäbeln   abgewetzt
den Bettkattun ans Licht gesetzt
Braunschweigergrün und Moschusbraun
das Kalbshirn hinterm Schwellenzaun
Normalgewind im Kimono
Auskunftsbüro für Sperrkonto
in Aktualitätenschau
Belkanto   Bantu   Überbau

STEFAN GEORGE

Goethe-Tag

Wir brachen mit dem zarten frührot auf
Am sommerend durch rauchendes gefild
Zu Seiner stadt. Noch standen plumpe mauer
Und würdelos gerüst von menschen frei
Und tag – unirdisch rein und fast erhaben.
Wir kamen vor sein stilles haus · wir sandten
Der ehrfurcht blick hinauf und schieden. Heute
Da alles rufen will schweigt unser gruss.

Noch wenig stunden: der geweihte raum
Erknirscht: sie die betasten um zu glauben . .
Die grellen farben flackern in den gassen ·
Die festesmenge tummelt sich die gern
Sich schmückt den Grossen schmückend und ihn fragt
Wie er als schild für jede sippe diene –
Die auf der stimmen lauteste nur horcht ·
Nicht höhen kennt die seelen-höhen sind.

Was wisst ihr von dem reichen traum und sange
Die ihr bestaunet! schon im kinde leiden
Das an dem wall geht · sich zum brunnen bückt ·
Im jüngling qual und unrast · qual im manne
Und wehmut die er hinter lächeln barg.
Wenn er als ein noch schönerer im leben
Jetzt käme – wer dann ehrte ihn? er ginge
Ein könig ungekannt an euch vorbei.

Ihr nennt ihn euer und ihr dankt und jauchzt –
Ihr freilich voll von allen seinen trieben
Nur in den untren lagen wie des tiers –
Und heute bellt allein des volkes räude . .
Doch ahnt ihr nicht dass er der staub geworden
Seit solcher frist noch viel für euch verschliesst
Und dass an ihm dem strahlenden schon viel
Verblichen ist was ihr noch ewig nennt.

STEFAN GEORGE

Porta Nigra

Ingenio Alf: Scolari

Dass ich zu eurer zeit erwachen musste
Der ich die pracht der Treverstadt gekannt
Da sie den ruhm der schwester Roma teilte ·
Da auge glühend gross die züge traf
Der klirrenden legionen · in der rennbahn
Die blonden Franken die mit löwen stritten ·
Die tuben vor palästen und den Gott
Augustus purpurn auf dem goldnen wagen!

Hier zog die Mosel zwischen heitren villen . .
O welch ein taumel klang beim fest des weines!
Die mädchen trugen urnen lebenschwellend –
Kaum kenn ich diese trümmer · an den resten
Der kaiserlichen mauern leckt der nebel ·
Entweiht in särgen liegen heilige bilder ·
Daneben hingewühlt barbarenhöhlen . .
Nur aufrecht steht noch mein geliebtes tor!

Im schwarzen flor der zeiten doch voll stolz
Wirft es aus hundert fenstern die verachtung
Auf eure schlechten hütten (reisst es ein
Was euch so dauernd höhnt!) auf eure menschen:
Die fürsten priester knechte gleicher art
Gedunsne larven mit erloschnen blicken
Und frauen die ein sklav zu feil befände –
Was gelten alle dinge die ihr rühmet:

Das edelste ging euch verloren: blut . .
Wir schatten atmen kräftiger! lebendige
Gespenster! lacht der knabe Manlius . .
Er möchte über euch kein zepter schwingen
Der sich des niedrigsten erwerbs beflissen
Den ihr zu nennen scheut – ich ging gesalbt
Mit perserdüften um dies nächtige tor
Und gab mich preis den söldnern der Cäsaren!

ANISE KOLTZ

Immer wascht ihr die Hände
in Unschuld
aber ihr habt tausend Hände

ich bin ein Tausendfüßler
der wäscht sich nie

WOLF WONDRATSCHEK

Ein Dichter in Amerika

Ich sitze
mit nacktem Oberkörper
einem Wolkenkratzer
gegenüber.

Der Wolkenkratzer sieht aus
wie ein Adventskalender
aus dem Jenseits.

Das dreizehnte Hotel
in vierzehn Tagen.

In San Francisco hing ein Schild im Bad,
darauf stand WASSER SPAREN
und darunter SEIT ACHT WOCHEN KEIN REGEN
und wenn man geschissen hatte,
was man schon mit schlechtem Gewissen tat,
und abzog, war der Druck gleich Null
und die Scheiße drehte sich immer nur im Kreis
und wenn man draufschaute,
sah es ekelhaft aus.

»Warum schreiben Sie solche Sachen?«
will jemand wissen.

Ich schließe die Augen,
denke an die Scheiße,
die mich auslacht
und lese das nächste Gedicht.

»In Ihren Gedichten« faucht eine Frau,
»sind Frauen nur Sexualobjekte!«
Ich bin höflich.
»Finden Sie?«

»Ja, finde ich« faucht sie.

»Nicht alle« sage ich, »nicht alle Frauen,
nur die besten!«

»Typisch« faucht sie.

Sie merkt, ich bin ein hoffnungsloser Fall.
Stattdessen interessiert mich eine andere Frau,
die auch zuhört. Sie schaut mich an
und ich schaue sie an und es ist, als hätten wir
beide zuviel getrunken.

»Und Sie« faucht die andere, »wollen ein Dichter sein?!«

Aber ich lasse mich nicht mehr ablenken,
schiebe meine Hand in die Hosentasche
und bin sicher, sie spürt das.

Schluß der Audienz

Mensch, gehn Sie mir ab mit sich!
Ich komme Ihnen ja auch nicht mit meinen selbstgemachten
Patentveilchen.
Und lassen Sie den Hut bitte gleich oben.
So ein Schweißband hält nämlich die Gedanken viel besser
$\hspace{8cm}$ zusammen.

Was, die Substanzfrage wollen Sie anschneiden, in wessen
$\hspace{8cm}$ Auftrag denn?
Mann! Sie belegen Ihr Brot doch auch nur mit der eigenen
$\hspace{10cm}$ Zunge.
Aber wissen Sie:
Leute wie Sie hab ich täglich welche Konkurs machen sehn.
Wenn da nur Ihr Geschäftsfreund mal plötzlich vom Konto
$\hspace{11cm}$ zieht,
und Sie können nicht mithalten,
wackelt gleich der ganze gemütliche Überbau.

Die Menschheit?
Ans Herz damit!
Aber ohne mich.
Das Geistige?
Fraglos!
Aber nicht wohl in diesem Zusammenhang.
Oder haben Sie schon mal ne Menschheit gesehn, die von da
$\hspace{6cm}$ ihren Brennstoff bezieht?
Aber wenn der Zuwachs des Humanvolumens Sie
wirklich ernsthaft beschäftigt,
die Akzeleration zum Beispiel,
dann werfen Sie doch mal ein wachsames Auge drauf.

Nein, auf mich bringen Sie die Rede heute bestimmt nicht mehr.
Ehrlich gesagt, stilisier ich meinen Preßkopf lieber
unter Ausschluß der Öffentlichkeit,
und mit Tränen zur Lage
kann ich nicht dienen –
Friedlich
in meinen Chippendale-Sessel gelehnt
– das sei überhaupt keine echte Stellungnahme? es ist die
$\hspace{10cm}$ meine –

fülle ich meine Person mit der unverbindlichen Abendluft.
Ja, ich entwickle hier noch meine eigene Klassik.
Aber auch die riecht,
zugegebenermaßen,
schon ein bißchen stark nach der Packung.

Ferdinand Hardekopf

Zwiegespräch

Doctor Schein und Doctor Sinn
Gingen ins Café;
Schein bestellte Doppel-Gin,
Sinn bestellte Tee.

Seitlich von dem Plauderzweck
Nahmen sie dabei:
Schein – verlognes Schaumgebäck;
Sinn – verlornes Ei.

Dialog ward Zaubertext,
Nekromantenspiel;
Zwieseits wurde hingehext,
Was dem Geist gefiel.

Was dem Sinn Erscheinung schien,
Was der Schein ersann.
Schein gab Sinn, und dieser ihn,
Und die Zeit verrann.

Und die Stunde kam herein
Leis' des Dämmerlichts.
Schein verging zu Lampenschein,
Sinn verging zu nichts.

Wassily Kandinsky

Immer Zusammen

Steigemann und Sinkemann sagten zueinander:
»Ich komme bald zu Dir. Jawohl!«

Und Steigemann: »Du zu mir?«
Und Sinkemann: »Du zu mir?«
Wer zu wem?
Wann?

ERNST BLASS

Abendstimmung

Stumm wurden längst die Polizeifanfaren,
Die hier am Tage den Verkehr geregelt.
In süßen Nebel liegen hingeflegelt
Die Lichter, die am Tag geschäftlich waren.

An Häusern sind sehr kitschige Figuren.
Wir treffen manche Herren von der Presse
Und viele von den aufgebauschten Huren,
Sadistenzüge um die feine Fresse.

Auf Hüten plauschen zärtlich die Pleureusen:
O daß so selig uns das Leben bliebe!
Und daß sich dir auch nicht die Locken lösen,
Die angesteckten Locken meiner Liebe!

Hier kommen Frauen wie aus Operetten
Und Männer, die dies Leben sind gewohnt
Und satt schon kosten an den Zigaretten.
In manchen Blicken liegt der halbe Mond.

O komm! o komm, Geliebte! In der Bar
Verrät der Mixer den geheimsten Tip.
Und überirdisch, himmlisch steht dein Haar
Zur Rötlichkeit des Cherry-Brandy-Flip.

ALFRED LICHTENSTEIN

Die Dämmerung

Ein dicker Junge spielt mit einem Teich.
Der Wind hat sich in einem Baum gefangen.

Der Himmel sieht verbummelt aus und bleich,
Als wäre ihm die Schminke ausgegangen.

Auf lange Krücken schief herabgebückt
Und schwatzend kriechen auf dem Feld zwei Lahme.
Ein blonder Dichter wird vielleicht verrückt.
Ein Pferdchen stolpert über eine Dame.

An einem Fenster klebt ein fetter Mann.
Ein Jüngling will ein weiches Weib besuchen.
Ein grauer Clown zieht sich die Stiefel an.
Ein Kinderwagen schreit und Hunde fluchen.

ALFRED LICHTENSTEIN

Das Konzert

Die nackten Stühle horchen sonderbar
Beängstigend und still, als gäbe es Gefahr.
Nur manche sind mit einem Mensch bedeckt.

Ein grünes Fräulein sieht oft in ein Buch.
Und einer findet bald ein Taschentuch.
Und Stiefel sind ganz gräßlich angedreckt.

Aus offnem Munde tönt ein alter Mann.
Ein Jüngling blickt ein junges Mädchen an.
Ein Knabe spielt an seinem Hosenknopf.

Auf einem Podium schaukelt sich behend
Ein Leib bei einem ernsten Instrument.
Auf einem Kragen liegt ein blanker Kopf.

Kreischt. Und zerreißt.

GÜNTER BRUNO FUCHS

Untergang

Der Regen arbeitet.
Die Straßenfeger sind arbeitslos.
Die arbeitslosen Straßenfeger sind heimgekehrt.

Die Bäume dursten nicht mehr.
Die Schulhofbäume dursten nicht mehr.
Die überraschten Lehrer beenden die Konferenz
und schwimmen zum Tor hinaus.

Der Regen arbeitet.
Papierne Zeitungstürme neigen sich lautlos.
Rote Schlagzeilen färben das Wasser rot.

Das Kind armer Eltern schläft in der Kohlenkiste.
Das Kind reicher Eltern schläft im Himmelbett.
Die armen und reichen Eltern
hören den Regen nicht.

Die überraschten Lehrer
hocken ratlos im Geäst der Bäume.
Die große Pause kommt unerwartet.

JAKOB VAN HODDIS

Weltende

Dem Bürger fliegt vom spitzen Kopf der Hut,
In allen Lüften hallt es wie Geschrei,
Dachdecker stürzen ab und gehn entzwei
Und an den Küsten – liest man – steigt die Flut.

Der Sturm ist da, die wilden Meere hupfen
An Land, um dicke Dämme zu zerdrücken.
Die meisten Menschen haben einen Schnupfen.
Die Eisenbahnen fallen von den Brücken.

Maskenball im Hochgebirge

Eines schönen Abends wurden alle
Gäste des Hotels verrückt, und sie
rannten schlagen brüllend aus der Halle
in die Dunkelheit und fuhren Ski.

Und sie sausten über weiße Hänge.
Und der Vollmond wurde förmlich fahl.
Und er zog sich staunend in die Länge.
So etwas sah er zum erstenmal.

Manche Frauen trugen nichts als Flitter.
Andre Frauen waren in Trikots.
Ein Fabrikdirektor kam als Ritter.
Und der Helm war ihm zwei Kopf zu groß.

Sieben Rehe starben auf der Stelle.
Diese armen Tiere traf der Schlag.
Möglich, daß es an der Jazzkapelle –
denn auch sie war mitgefahren – lag.

Die Umgebung glich gefrornen Betten.
Auf die Abendkleider fiel der Reif.
Zähne klapperten wie Kastagnetten.
Frau von Cottas Brüste wurden steif.

Das Gebirge machte böse Miene.
Das Gebirge wollte seine Ruh.
Und mit einer mittleren Lawine
deckte es die blöde Bande zu.

Dieser Vorgang ist ganz leicht erklärlich.
Der Natur riß einfach die Geduld.
Andre Gründe gibt es hierfür schwerlich.
Den Verkehrsverein trifft keine Schuld.

Man begrub die kalten Herrn und Damen.
Und auch etwas Gutes war dabei:
Für die Gäste, die am Mittwoch kamen,
wurden endlich ein paar Zimmer frei.

Das zweite Irrenhaussonett

O Herr – eh ich für immer hier im Kopf erkrankte,
war ich ein Vagabund und ein verächtlicher Filou.
Ich hatte weder Hemd noch einen ganzen Schuh.
Es wäre lächerlich, wenn ich mich dafür noch bedankte.

Und lächerlich in gleicher Weise wäre wohl, o Herr –
wenn ich die Sorge um mein Wohl und gute Speisen
in falscher Scham bescheiden wollte von mir weisen.
Ich liebe Sauberkeit und einen vollen Magen sehr.

Zu oft hab ich im Leben mich schon ducken müssen.
Drum schütze mich jetzt noch vor den Hornissen,
vor Wanze, Filzlaus, Krot und Küchenschaben –

und allen denen, die mich zwickten und gepeinigt haben.
Und schütze mich vor dem, der meine Not verlachte.
Du weißt, wie sehr ich diesen groben Klotz verachte.

Nachsatz
Doch mehr noch als die Filzlaus, Krot und Küchenschabe
verachte ich das Spießerpack im Sonntagskleid,
seit ich das Jucken hier in meinem Köpfchen habe.
Das Jucken hier in meinem Köpfchen sei gebenedeit.

FRANK WEDEKIND

Der Tantenmörder

Ich hab meine Tante geschlachtet,
Meine Tante war alt und schwach;
Ich hatte bei ihr übernachtet
Und grub in den Kisten-Kasten nach.

Da fand ich goldene Haufen,
Fand auch an Papieren gar viel
Und hörte die alte Tante schnaufen
Ohn Mitleid und Zartgefühl.

Was nutzt es, daß sie sich noch härme –
Nacht war es rings um mich her –
Ich stieß ihr den Dolch in die Därme,
Die Tante schnaufte nicht mehr.

Das Geld war schwer zu tragen,
Viel schwerer die Tante noch.
Ich faßte sie bebend am Kragen
Und stieß sie ins tiefe Kellerloch. –

Ich hab meine Tante geschlachtet,
Meine Tante war alt und schwach;
Ihr aber, o Richter, ihr trachtet
Meiner blühenden Jugend-Jugend nach.

FRANK WEDEKIND

Brigitte B.

Ein junges Mädchen kam nach Baden,
Brigitte B. war sie genannt,
Fand Stellung dort in einem Laden,
Wo sie gut angeschrieben stand.

Die Dame, schon ein wenig älter,
War den Geschäften zugetan,
Der Herr ein höherer Angestellter
Der königlichen Eisenbahn.

Die Dame sagt nun eines Tages,
Wie man zur Nacht gegessen hat:
Nimm dies Paket, mein Kind, und trag' es
Zu der Baronin vor der Stadt.

Auf diesem Wege traf Brigitte
Jedoch ein Individuum,
Das hat an sie nur eine Bitte,
Wenn nicht, dann bringe er sich um.

Brigitte, völlig unerfahren,
Gab sich ihm mehr aus Mitleid hin.

Drauf ging er fort mit ihren Waren
Und ließ sie in der Lage drin.

Sie konnt' es anfangs gar nicht fassen,
Dann lief sie heulend und gestand,
Daß sie sich hat verführen lassen,
Was die Madam begreiflich fand.

Daß aber dabei die Turnüre
Für die Baronin vor der Stadt
Gestohlen worden sei, das schnüre
Das Herz ihr ab, sie hab' sie satt.

Brigitte warf sich vor ihr nieder,
Sie sei gewiß nicht mehr so dumm;
Den Abend aber schlief sie wieder
Bei ihrem Individuum.

Und als die Herrschaft dann um Pfingsten
Ausflog mit dem Gesangverein,
Lud sie ihn ohne die geringsten
Bedenken abends zu sich ein.

Sofort ließ er sich alles zeigen,
Den Schreibtisch und den Kassenschrank,
Macht die Papiere sich zu eigen
Und zollt ihr nicht mal mehr den Dank.

Brigitte, als sie nun gesehen,
Was ihr Geliebter angericht',
Entwich auf unhörbaren Zehen,
Dem Ehepaar aus dem Gesicht.

Vorgestern hat man sie gefangen,
Es läßt sich nicht erzählen wo;
Dem Jüngling, der die Tat begangen,
Dem ging es gestern ebenso.

Kinderlied

Am Neubau, wo der Wind sich fängt,
Jerum o jerum!
Am Neubau, wo der Wind sich fängt,
Da hat ein Kerl sich aufgehängt!
Wo ihn zuerst der Wächter sah,
Stand lange ein Bezechter da,
Dann vier, fünf, neun, ein ganzes Schock,
Und stierten nach dem ersten Stock:
Herrjeses, da oben kreist er!
O jerum, jerum, rumdibum,
Herrjeses, da oben kreist er!
Dreht euch nicht um!
Der Plumpsack, der geht um,
Gott steh mir bei und alle die guten Geister!

Im Hause war es kalt und feucht,
Jerum o jerum!
Im Hause war es kalt und feucht,
Die ganze Gegend war verseucht,
Der Wächter ging zur stillen Ruh,
Dann machten die Destillen zu.
Wer nachts da kam, hat sich bekreuzt
Und hat sich schreckensbleich geschneuzt,
Herrjeses, da oben kreist er!
O jerum, jerum, rumdibum,
Herrjeses, da oben kreist er!
Dreht euch nicht um!
Der Plumpsack, der geht um,
Gott steh mir bei und alle die guten Geister!

Jetzt wohnt im Neubau er allein,
Jerum o jerum!
Jetzt wohnt im Neubau er allein,
Jongliert mit einem Ziegelstein,
Und steigt er auf dem Dach herum,
Dann lacht ein Straßenkind sich krumm,
Dann vier, fünf, neun, ein ganzes Schock,
Umtanzen sie den Häuserblock,
Herrjeses, da oben kreist er!

O jerum, jerum rumdibum,
Herrjeses, da oben kreist er!
Dreht euch nicht um!
Der Plumpsack, der geht um,
Im Winde um! Der fliegende Jakob heißt er!

ROR WOLF

vier herren

vier herren stehen im kreise herum
der erste ist groß der zweite ist krumm
der dritte ist dick der vierte ist klein
vier herren stehen im lampenschein

der erste ist stumm der zweite ist still
der dritte sagt nichts der vierte nicht viel
sie stehen im kreise und haben sich jetzt
die hüte auf ihren kopf gesetzt

ROR WOLF

mein famili

mein schwester strickt am grünen strumpf
so heiß und groß so dick und weich
so seltsam übers knie gebeugt
mein schwester mit dem roten rumpf

mein oma liebe oma so
so faltig pergament so dünn
so vogel hals so fistel stimm
so mürrisch mittags abends froh

mein famili im zimmer lung
wo um den schwarzen tisch und rund
mit topf und fisch und zwiebelbrüh
mit hand mit mund mit großem hung

mein vater mit der nickelbrill
mein mutter auf dem küchenstuhl

mein starker bruder mit dem bart
mein kleine schwester blaß und still

mein famili mein ganze fam
ili mein ganze zwei drei und
mein vier und fünf und zwei und ein
mein famili wie wundersam

wie wundersam wie wir am tisch
am runden tisch von rundem holz
wie faust und gabel hier und hier
faust gabel hier mund da und fisch

mund da und fisch und fisch und kloß
am runden tisch der vater spricht
und ißt den kloß und ißt den fisch
vom fisch und spricht und zwiebelsoß

und zwiebelsoß rinnt ab vom mund
wischt ab ach wischt und wischt und spricht
die schwester hörts an ihrem strumpf
die mutter hörts der bruder und

großvater dort auf dem abort
der hund der hund bunt hinterm schirm
die laus in seinem pelz und ich
ich hörs ich hab im ohr die wort

wie altes brot die wort wie brot
wie schwarzes brot die mutter nimmts
vom küchenbord und lächelt wild
denn trocken brot macht wangen rot

wie glotzt aus seinem leib das brot
wie rollt es rollt es durch die tür
die base sitzt vor dem klavier
und spielt ohn brot ist große not

die schürz der mutter weht herum
die uhr platzt an der wand und da
grinst unterm bottich grinst die schab
der vater spricht seht euch nicht um

die köchin

des abends in der küche hinterm topf
an diesem abend in der küche grau
am topf und hinterm topf am abend wars
würgt hart der schluckauf in der köchin kropf

er schüttelt ihren leib des abends wie
wenn von papier er sei und nicht von fleisch
so schüttelt bauch er abends und gesäß
und schüttelt brust und brust und schenkel knie

ach liegt sie ach und liegt am boden zuckt
an diesem abend hinterm topf am herd
wo brei und grütze brodeln auf dem herd
wo gegen abend hinterm herde guckt

der köchin kopf der zwischen bein und bein
die blume wächst aus ihrem harten leib
im herd kracht holz und überm herde kocht
der brei und grütze und im stalle schrein

der hahn der hengst im stalle und die kuh
die katze schreit die dreimal trägt im jahr
die hausfrau schreit im bett und hinterm haus
schreit schrill die magd der vater schreit nach ruh

die amme schreit im bett und säugt das kind
der hofhund schreit in seiner hütte und
in seiner falle schreit der mausbock wild
großvater schreit und kratzt an seinem grind

an diesem abend dort der mond und bloß
der köchin hintern rot und weiß und hier
im hof der brunnen braun das buschwerk dort
die köchin unterm herd hier rot und groß

dort schrei vom vogel hier mit seiner mütze
an diesem abend ach der koch der koch
denn wurst und schinken diesen abend noch
im mund ist besser wohl als brei und grütze

das tischtuch fliegt vorbei und eine nackte
garköchin schreit erschreckt an diesem abend
topf herd brei tisch zischt kracht kocht bebt knackt klappert
als sie von hinten her der garkoch packte

an diesem abend kopf des kochs und kopf
der köchin rötlich rötlich unterm herd
brei kocht im topf ach herd ist goldes wert
brei fließt an diesem abend aus dem topf

JOACHIM RINGELNATZ

Schindluder

Es war ein Pferd, das war ergraut
Und wurde deshalb abgebaut.
Man nahm zuerst ihm seine Haut.
O nein, da liegt ein Irrtum vor,
Weil es zuvor den Schwanz verlor.

Es schleppte Lasten, schwitzte Blut.
Das Roßfleisch schmeckt dem Hunger gut.

Die Peitsche hieb auf mürbe Knochen.

Dann ist das Pferd zusammenbrochen.

Aus dem Kadaver aber floh
Ein Pegasus, der furzte froh.

GÜNTER GRASS

Falada

Genagelt die gelockte Mähne,
windstill vergoldet, Ohren steif:
Faladas Haupt, Falada schweigt.

Blut tropft auf meines Metzgers Marmor,
gerinnt auf Fliesen, Sägemehl
saugt Blut auf aus Faladas Fleisch.

Das Fleisch sei abgehangen, kein Galopp,
kein Traben mehr, der Sattel sei vergessen,
verspricht der Metzger, doch Falada schweigt.

Blauschwarz rasiert die Wangen, zwinkert,
muß montags seine Schürze wechseln,
die hart wird von Faladas Fleisch.

Sein Messer, das die Poren schließt,
die Waage, die nur das Gewicht,
doch keinen Namen nennt – Falada schweigt.

Ich kauf mich los, an kalten Haken
hängt mehr als ich bezahlen kann;
zehn Hunde draußen, weil Faladas Fleisch ...

Genagelt die gelockte Mähne,
windstill vergoldet, Ohren steif:
Faladas Haupt, Falada schweigt.

ERNST JANDL

im deliketessenladen

bitte geben sie mir eine maiwiesenkonserve
etwas höher gelegen aber nicht zu abschüssig
so, daß man darauf noch sitzen kann.

nun, dann vielleicht eine schneehalde, tiefgekühlt
ohne wintersportler. eine fichte schön beschneit
kann dabeisein.

auch nicht. bliebe noch – hasen sehe ich haben sie da hängen.
zwei drei werden genügen, und natürlich einen jäger.
wo hängen denn die jäger?

CHRISTIAN MORGENSTERN

Möwenlied

Die Möwen sehen alle aus,
als ob sie Emma hießen.
Sie tragen einen weißen Flaus
und sind mit Schrot zu schießen.

Ich schieße keine Möwe tot,
ich laß sie lieber leben –
und füttre sie mit Roggenbrot
und rötlichen Zibeben.

O Mensch, du wirst nie nebenbei
der Möwe Flug erreichen.
Wofern du Emma heißest, sei
zufrieden, ihr zu gleichen.

CHRISTIAN MORGENSTERN

Das Mondschaf

Das Mondschaf steht auf weiter Flur.
Es harrt und harrt der großen Schur.
    Das Mondschaf.

Das Mondschaf rupft sich einen Halm
und geht dann heim auf seine Alm.
    Das Mondschaf.

Das Mondschaf spricht zu sich im Traum:
»Ich bin des Weltalls dunkler Raum.«
    Das Mondschaf.

Das Mondschaf liegt am Morgen tot.
Sein Leib ist weiß, die Sonn ist rot.
    Das Mondschaf.

JAKOB VAN HODDIS

Andante

Aufblühen Papierwiesen
Leuchtend und grün,
Da stehen drei Kühe
Und singen kühn:

»O Wälder, o Wolken,
O farbige Winde,
Wir werden gemolken
Geschwinde, geschwinde …

In goldene Eimer
Fließt unser Saft.
In farbige Reimer
Ergießt unsere Kraft.

Wir stehen hier, im Chor beisammen,
Auf knotigem Beine
Und die Kräfte der Erde sind
Angesammelt zu frohem Vereine.«

Sie bocken bei Tag und sie trillern bei Nacht.

GÜNTER GRASS

Nächtliches Stadion

Langsam ging der Fußball am Himmel auf.
Nun sah man, daß die Tribüne besetzt war.
Einsam stand der Dichter im Tor,
doch der Schiedsrichter pfiff: Abseits.

F. C. DELIUS

Schulreform

Nach einem Schulausflug wurde
ein Lied vergessen im Wald.

Nun singt es im Urtext
unter dem Beifall der Förster:
Alle Vögel sind
Amsel, Drossel, Fink.

Bis es im nächsten Frühjahr
abgeholt und
samt dem Tenor des Lehrers
wieder eingestellt wird in den Schuldienst.

HANS ARP

das bezungte brett

1
zwei a drei a vier meter pfund
da hat er denn in seinem licht
den text zu einem halben wort
und mißt den meter vom gewicht

drei dutzend a in einem hals
dreivierteltakt mit melodie
er weiß es wenn es wird und hat
und singt die or als thographie

verhocken ihren schwarzen hock
verstehen ihren schwarzen steh
ach bitte nehmen sie doch platz
bevor ich wieder weitergeh

2
als auf den venen etwas vor
und rede wenn ich sprechen soll
und dargetan durch meinen hals
so wird der tropfen endlich voll

pathemdentiertes außerdem
das eine ihren sich bewegt
von früher bin ich es gewohnt
als kralle an den schatz gelegt

groß daß er ruft für daß er ruft
hat er ihn immer um gewicht
den takt der würfel blasen quem
gestein in gala im gesicht

3
er kommt abhanden mit der hand
er kommt abfußen mit dem fuß
und trägt in seinem taschenfleisch
den aufgerollten redefluß

in acht und bann und neun und zehn
so übermannt und überfraut
daß keiner je sich je und je
und an der tafel nacktes kaut

sonst triptycht das grammatikkreuz
stanniolverpackt als schwarzer spaß
als einzahl mehrzahl rübezahl
als faselhans am faselfaß

4
er tapeziert das publikum
das kruzifixundfertig ist
und sprachlos sich im leib verirrt
als gallonierter zivilist

wir zeigen an und wissen nichts
und keiner weiß wieviel es macht
und särge turnen aus dem reck
und unser totenhemdchen kracht

quer durch die eierkolonie
und ohne boden in dem rang
die dolmen aus papier im mund
et cetera noch zentnerlang

5
klavier klasechs klaacht klazehn
das schwatz- und plauderblei im mund
und sitzt auf dem siestabrett
und schwimmt davon als letztes pfund

als auf und quasten rede ich
wohin führt dieser weggenweg
nach i nach a nach o nach e
ein exemplar dient als beleg

ich mal mal eins das mumienmehl
es benefizt und malefizt
und bombastiert die falsche Luft
wozu es aus den schwänzen blitzt

6
hochnehmst millionenmill um bitt
fallammelmahl fallobst toast
bum bum barind ruckturtelsack
und tabledhoten ihn vom ast

lammdi lammda im bretterbaum
im autonomobilen reich
allotria trio quartett
und hanst ihm backen in den streich

kumm kumm rindel delin ritz pfiff
bestockt beschirmt die adlerkrill
in scheiben roh gefrickt gefrackt
spießhui der fieder schnabelschnill

PAUL CELAN

Huhediblu

Schwer-, Schwer-, Schwer-
fälliges auf
Wortwegen und -schneisen.

Und – ja –
die Bälge der Feme-Poeten
lurchen und vespern und wispern und vipern,
episteln.
Geunktes, aus
Hand- und Fingergekröse, darüber
schriftfern eines
Propheten Name spurt, als

An- und Bei- und Afterschrift, unterm
Datum des Nimmermenschtags im September –:

Wann,
wann blühen, wann,
wann blühen die, hühendiblüh,
huhediblu, ja sie, die September-
rosen?

Hü – on tue … Ja wann?

Wann, wannwann,
Wahnwann, ja Wahn, –
Bruder
Geblendet, Bruder
Erloschen, du liest,
dies hier, dies:
Dis-
parates –: Wann
blüht es, das Wann,
das Woher, das Wohin und was
und wer

sich aus- und an- und dahin- und zu sich lebt, den
Achsenton, Tellus, in seinem
vor Hell-
hörigkeit schwirrenden
Seelenohr, den
Achsenton tief
im Innern unsrer
sternrunden Wohnstatt Zerknirschung? Denn
sie bewegt sich, dennoch, im Herzsinn.

Den Ton, oh,
Den Oh-Ton, ah,
Das A und das O,
das Oh-diese-Galgen-schon-wieder, das Ah-es-gedeiht,

auf den alten
Alraunenfluren gedeiht es,
als schmucklos-schmückendes Beikraut,
als Beikraut, als Beiwort, als Beilwort,
ad-

jektivisch, so gehn
sie dem Menschen zuleibe, Schatten,
vernimmt man, war
alles Dagegen –
Feiertagsnachtisch, nicht mehr, –:

Frugal,
kontemporan und gesetzlich
geht Schinderhannes zu Werk,
sozial und alibi-elbisch, und
das Julchen, das Julchen:
daseinsfeist rülpst,
rülpst es das Fallbeil los, – call it (hott!)
love.

Oh quand refleuriront, oh roses, vos septembres?

KURT SCHWITTERS

Cigarren
(elementar)

Cigarren
Ci
garr
ren
Ce
i
ge
a
err
err
e
en
Ce
CeI
CeIGe
CeIGeA
CeIGeAErr
CeIGeAErrEr
CeIGeAErrErr
CeIGeAErrErr

ErrEEn
EEn
En
Ce
i
ge
a
err
err
e
en
Ci
garr
ren
Cigarren
(Der letzte Vers wird gesungen.)

HELMUT HEISSENBÜTTEL

Bremen wodu

wodu
was
wodu
was
woduwarst
wo
duwarst
inBremennatürlich
under
undwas
warder
warderwas
wardermit
inBremen
wardermitinBremen
jaderwarmitinBremen
undsie
undwas
wardiemit
diewarauchmit
diewarauchmitinBremen
jadiewarauchmitinBremen

undda
unddawas
unddawartihrallezusammen
inBremen
unddawartihrallezusammeninBremen
janatürlich
inBremen
janatürlichwarenwirallezusammtucninBremen
unddahabtihrdas
habenwirwas
obihrdasdagetanhabtmeinich
obwirdasdagetanhabenmeinstdu
obihrdasallezusammendagetanhabtmeinich
obwirdasallezusammendagetanhabenmeinstdu
obihrdasallezusammeninBremendagetanhabt

weißtdudasdennnicht
wasweißichnicht
daßwirdasda
daßihrdasdagetanhabt
jadaßwirdasallezusammendagetanhaben
allezusammen
jadahabenwirdasallezusammengetan
inBremen
jadahabenwirdasallezusammeninBremengetan

unddassokurzvorWeihnachten

EUGEN GOMRINGER

                                    o
                                    bo
                                    blow
                                    blow blow
                                    blow blow blow
                                    blow blow
                                    blow
                                    bo
                    o   o
                    go   so

```
        grow                    show
        grow grow          show show
        grow grow grow o show show show
        grow grow          show show
        grow                    show
        go                        so
        o                          o
        lo
        flow
   flow flow
flow flow flow
   flow flow
        flow
        lo
        o
```

ERNST JANDL

perfektion

```
e
ee
eei
eeio

p
pr
prf
prfk
prfkt
prfktn

ep
eepr
eeiprf
eeioprfk
eeioprfkt
eeioprfktn

pe
pree
prfeei
prfkeeio
```

prfkteeio
prfktneeio

prfkteneio
prfketneio
prfektneio
prefktneio
perfktneio

perfktenio
perfketnio
perfektnio

perfektino
perfektion

Ernst Jandl

etüde in f

eile mit feile
eile mit feile
eile mit feile
durch den fald

durch die füste
durch die füste
durch die füste
bläst der find

falfischbauch
falfischbauch

eile mit feile
eile mit feile
auf den fellen
feiter meere

auf den fellen
feiter meere
eile mit feile
auf den fellen

falfischbauch
falfischbauch

eile mit feile
auf den fellen
feiter meere
feiter meere

falfischbauch
falfischbauch
fen ferd ich fiedersehn
falfischbauch
falfischbauch
fen ferd ich fiedersehn
fen ferd ich fiedersehn
falfischbauch
fen ferd ich fiedersehn
falfischbauch
falfischbauch

ach die heimat
ach die heimat
fen ferd ich fiedersehn
ist so feit

KURT LEONHARD

Ein fußgekitzelter am Schopf gezogener
fußkitzelnder schopfziehender
Läufer,

verfolgt von einem
am Schopf gezogenen am Fuß gekitzelten
schopfziehenden fußkitzelnden
Läufer,

verfolgt einen
am Fuß gekitzelten am Schopf gezogenen
fußkitzelnden schopfziehenden
Läufer.

Drei kitzelnd gekitzelte ziehend gezogene
gekitzelt ziehende gezogen kitzelnde
verfolgend verfolgte
Läufer:

ein Kreislauf

Franz Mon

in den schwanz gebissen

wer zuerst lacht lacht zuerst noch
wer zuzweit lacht lacht zweimal
wer gleich lacht lacht doppelt
wer zuerst kommt mahlt am besten
wer zuzweit kommt sieht doppelt
wer nicht kommt lacht am schluß noch
wer zuletzt kommt beißt die hunde

Hans Carl Artmann

Sah ein kleines unicorn

sah
ein kleines
unicorn
sprach: ade
und schwung
das fähnlein
liebte auch
ein vaterland
mit ihm wol
die holden
mägdlein
sprung
beim fenster
aus und ein
liebe
hochzeit
sonder gleichen
aus dem bett
in die sandalen

zählte wieviel
glöcklein läuten
und gedacht mein
roß zu strählen
um es in die fremd
zu reiten

schlief bei faun
und nachtigall
hell gings mir
im morgenwinde
links und rechts
vor wasserfällen
eichenduft und
zauberveilchen
brod und butter
schwert und lyra
reich die kisten
samt den kasten
elf und elf
sind dreiundzwanzig
gärtlein
voller schmetterlinge

*

tintenhorn
pfefferkorn
balsamhorn
hirsekorn
noch ist polen
nicht verloren
alte liebe
früh ins grab
gebt mir einen
groschen ab

hünengrab
wald am laab
noch ist rom
aus stein und bein
kühl muß es
in kirchen sein
lerche

amsel
wiedehopf
lichtmeß und
kaldaunentopf
abendrot
abendbrod
morgenrot
gebt mich nicht
ins findelhaus
will nicht in
ein zauberhaus

schon erwacht
die böse gicht
sprich frei:
eins zwei
robinson
du telegramm
alle tage
amsteldam
auf dem zettel
hans und gretel
babylon
laß nicht
deine hand
daran

*

biene biene
botenlohn
süße anemone
die frau
sie lugt
zum fenster raus
mein kaiser
braucht soldaten
ein kartenspiel
das kleiderlaus
die einhorn
mit dem kuchen

was wollen wir
ihr sagen
das gras ist grün

das möndlein voll
die wurst weint
um die würstin
drum bei herbei
du ludewig
o teutschland du
in ehren hoch
es stehen viel
trauerweiden

der bach in seinem
wasser hold
der judas springt
die bäume an
ein braves wort
ist wohlgesagt
ach bruder und
ach schwester
und du
mein teurer sylvester
mit dir
das land tyrol

ARNO HOLZ

Unanjenehm

Mein Volk
die
Bestie, die Mich füttert,
staatsbefehlfeiert
Meinen
Geburtstag.

Von
Turm zu Turm,
durch
Stadt und Land, von Gau zu Gau,
in
Meinen
sämtlichen Provinzen,
donnernd,

hallten, dröhnten, tönten, schallten,
läuteten
die
Glocken;
als Musterbild, als Pflichtausbund, als
Paradigma
erhabenen Menschentums, getreuer Selbsthingabe
und
sorgend, tätig, rastlos,
unermüdlich, sich aufopfernd
vaterländischen
Gemeinsinnes, Gemeinwirkens
und
Gemeinstrebens,
in
allen
Aulen, den fleißigen Schülern, wie den faulen,
lobhudelnd
priesen, rühmten,
würdigten,
verherrlichten, beweihräucherten
Mich
die
Arschpauker;
zehntausend Pfaffen predigten von schwarzen Kanzeln.

Nach
einer Nacht in Meinem
kleinen, nach einer Nacht in Meinem feinen,
nach
einer Nacht in Meinem
nur ganz
wenigen Lieblingen zugänglich
vertrauten,
der
sogenannten Öffentlichkeit
hermetischst
verbauten, von keinem jüdischen Reporter schon jemals
erschauten,
stets
auskömmlichst, reichhaltigst,
wohlst
assortierten,

equipierten, mit sänftlichen Sonstdazugehörigkeiten
ausstaffierten,
nach
Außen hin,
sorgfältigst, klüglichst, peinlichst, umsichtigst
maskierten
geheimen, strengst diskreten
»Hirschpark«,
der
niemand etwas angeht.

Essen war . . . fabelhaft!

Lucullus –
Vorgerichte: Henckell trocken;
Echte
Schildkrötensuppe;
Rheinsalm
mit Kaviartunke: Bernkastler Doktor;
Lammrücken gerniert: Chateau Latour, premier vin,
Schloßabzug;
Helgoländer Hummernaufbau
nach Admiralsart: Winkler Hasensprung;
Rehziemer, altdeutsch: herrlicher, herber, granatblutroter
Zwölfapostelwein;
Poularde
am Spieß gebraten, mit Weinbergswachteln
umlegt:
Pommery et Greno;
Artischockenböden mit grünen Spargelspitzen;
Eiskegel Nelusko;
Früchte, Chesterstangen, Nachtisch.

In
Meinem federnden Galawagen,
Sechse lang,
vorne drei wippende Spitzenreiter, hinter Mir, kerzengerade,
zwei Leiblakeien,
fahre,
schwellpolsterschunkele, gummiräderrolle
Ich
unter jauchzendem, unter stürmischem, unter
frenetischem

Hände-, Hüte- und Taschentücher-
Geschwenk,
die
Menge ehrfurchtsvoll, der Mob begeistert,
durch Meine festlichst, durch Meine feierlichst, durch Meine
pompös
fahnenspalierte, girlandendekorierte,
illuminierte,
von Meiner Huld ganz entzückte, von Meiner Gunst ganz
beglückte, von Meiner
Person,
von meiner Erscheinung, von Meiner
Herablassung
wie
verrückte,
Mir und Meinem hohen, Mir und Meinem
erlauchten,
Mir und Meinem
ruhmbeglänzten, ruhmbedeckten, ruhmbekränzten
Hause
schon seit alters
her
angestammte, von hunderttausend Lichterreihen durchflammte,
dankbarst
getreue, immer wieder von Mir aufs neue
helmrandhoch durchgrüßte,
immer
jubelnder sich exaltierende, immer trubelnder Mich
umgarnierende,
Mir
gratulierende,
Mich bejauchzierende, Mich
fetierende
Reichshaupt-, Landeshaupt-
und
Hauptresidenzstadt.

...Feenhaft!...Kolossal!...

Leute
haben sich angestrengt.

Plötzlich,
schnapsheiser,
der
Lümmel ist besoffen,
aus der
Hurra, Hurra,
Hurra
brüllenden Kanaille,
auf der
schwarzen, platten,
schmierigen,
speckschillerigen, kriegsveteranenbratenrockigen
Proletenbrust
noch
die ihm von Mir Allerhöchst eigenhändigst Selbst verliehene
Tapferkeitsmedaille,
mit
einer Stimme
daß
es mir durch Mark und Bein
gräst
anerkennend, rülpsgrülpsgröhlend,
überzeugt,
durchdringendst, deutlichst,
Silbe für Silbe schrecklichst verständlich,
bis
zu mir
her, bis zu mir hin, bis zu mir hoch, bis zu mir rauf,
bis
über den ganzen Fahrdamm
weg,
alles starr, alles stier, alles stur, alles
Stein:

»Det Aas hats jut!«

Unanjenehm.

Lob des Ungehorsams

Sie waren sieben Geißlein
und durften überall reinschaun,
nur nicht in den Uhrenkasten,
das könnte die Uhr verderben,
hatte die Mutter gesagt.

Es waren sechs artige Geißlein,
die wollten überall reinschaun,
nur nicht in den Uhrenkasten,
das könnte die Uhr verderben,
hatte die Mutter gesagt.

Es war ein unfolgsames Geißlein,
das wollte überall reinschaun,
auch in den Uhrenkasten,
da hat es die Uhr verdorben,
wie es die Mutter gesagt.

Dann kam der böse Wolf.

Es waren sechs artige Geißlein,
die versteckten sich, als der Wolf kam,
unterm Tisch, unterm Bett, unterm Sessel,
und keines im Uhrenkasten,
sie alle fraß der Wolf.

Es war ein unartiges Geißlein,
das sprang in den Uhrenkasten,
es wußte, daß er hohl war,
dort hat's der Wolf nicht gefunden,
so ist es am Leben geblieben.

Da war Mutter Geiß aber froh.

BERTOLT BRECHT

Die Krücken

Sieben Jahre wollt kein Schritt mir glücken.
Als ich zu dem großen Arzte kam
Fragte er: Wozu die Krücken?
Und ich sagte: Ich bin lahm.

Sagte er: Das ist kein Wunder.
Sei so freundlich, zu probieren!
Was dich lähmt, ist dieser Plunder.
Geh, fall, kriech auf allen vieren!

Lachend wie ein Ungeheuer
Nahm er mir die schönen Krücken
Brach sie durch auf meinem Rücken
Warf sie lachend in das Feuer.

Nun, ich bin kuriert: ich gehe.
Mich kurierte ein Gelächter.
Nur zuweilen, wenn ich Hölzer sehe
Gehe ich für Stunden etwas schlechter.

BERTOLT BRECHT

Morgendliche Rede an den Baum Griehn

1
Griehn, ich muß Sie um Entschuldigung bitten.
Ich konnte heute nacht nicht einschlafen, weil der Sturm so
                                                        laut war.
Als ich hinaus sah, bemerkte ich, daß Sie schwankten
Wie ein besoffener Affe. Ich äußerte das.

2
Heute glänzt die gelbe Sonne in Ihren nackten Ästen.
Sie schütteln immer noch einige Zähren ab, Griehn.
Aber Sie wissen jetzt, was Sie wert sind.
Sie haben den bittersten Kampf Ihres Lebens gekämpft.
Es interessierten sich Geier für Sie.
Und ich weiß jetzt: einzig durch Ihre unerbittliche
Nachgiebigkeit stehen Sie heute morgen noch gerade.

3
Angesichts Ihres Erfolgs meine ich heute:
Es war wohl keine Kleinigkeit, so hoch heraufzukommen
Zwischen den Mietskasernen, so hoch herauf, Griehn, daß
Der Sturm so zu Ihnen kann wie heute nacht.

BERTOLT BRECHT

Fragen eines lesenden Arbeiters

Wer baute das siebentorige Theben?
In den Büchern stehen die Namen von Königen.
Haben die Könige die Felsbrocken herbeigeschleppt?

Und das mehrmals zerstörte Babylon –
Wer baute es so viele Male auf? In welchen Häusern
Des goldstrahlenden Lima wohnten die Bauleute?
Wohin gingen an dem Abend, wo die Chinesische Mauer
                                         fertig war
Die Maurer? Das große Rom
Ist voll von Triumphbögen. Wer errichtete sie? Über wen
Triumphierten die Cäsaren? Hatte das vielbesungene Byzanz
Nur Paläste für seine Bewohner? Selbst in dem sagenhaften
                                         Atlantis
Brüllten in der Nacht, wo das Meer es verschlang
Die Ersaufenden nach ihren Sklaven.

Der junge Alexander eroberte Indien.
Er allein?
Cäsar schlug die Gallier.
Hatte er nicht wenigstens einen Koch bei sich?
Philipp von Spanien weinte, als seine Flotte
Untergegangen war. Weinte sonst niemand?
Friedrich der Zweite siegte im Siebenjährigen Krieg. Wer
Siegte außer ihm?

Jede Seite ein Sieg.
Wer kochte den Siegesschmaus?
Alle zehn Jahre ein großer Mann.
Wer bezahlte die Spesen?

So viele Berichte.
So viele Fragen.

VOLKER BRAUN

Fragen eines Arbeiters während der Revolution

So viele Berichte.
So wenig Fragen.
Die Zeitungen melden unsere Macht.
Wie viele von uns
Nur weil sie nichts zu melden hatten
Halten noch immer den Mund versteckt
Wie ein Schamteil?
Die Sender funken der Welt unsern Kurs.
Wie, an den laufenden Maschinen, bleibt
Uns eine Wahl zwischen zwei Hebeln? –
Auf den Plätzen stehn unsere Namen.
Steht jeder auf dem Platz
Die neuen Beschlüsse
Zu verfügen? Manche verfügen sich nur
In die Fabriken. Auf den Thronen sitzen
Unsre Leute: fragt ihr uns
Oft genug? Warum
Reden wir nicht immer?

HANS MAGNUS ENZENSBERGER

küchenzettel

an einem müßigen nachmittag, heute
seh ich in meinem haus
durch die offene küchentür
eine milchkanne ein zwiebelbrett
einen katzenteller.
auf dem tisch liegt ein telegramm.
ich habe es nicht gelesen.

in einem museum zu amsterdam
sah ich auf einem alten bild
durch die offene küchentür
eine milchkanne einen brotkorb
einen katzenteller.
auf dem tisch lag ein brief.
ich habe ihn nicht gelesen.

in einem sommerhaus an der moskwa
sah ich vor wenig wochen
durch die offene küchentür
einen brotkorb ein zwiebelbrett
einen katzenteller.
auf dem tisch lag die zeitung.
ich habe sie nicht gelesen.

durch die offene küchentür
seh ich vergossene milch
dreißigjährige kriege
tränen auf zwiebelbrettern
anti-raketen-raketen
brotkörbe
klassenkämpfe.

links unten ganz in der ecke
seh ich einen katzenteller.

KURT TUCHOLSKY

Park Monceau

Hier ist es hübsch. Hier kann ich ruhig träumen.
Hier bin ich Mensch – und nicht nur Zivilist.
Hier darf ich links gehn. Unter grünen Bäumen
sagt keine Tafel, was verboten ist.

Ein dicker Kullerball liegt auf dem Rasen.
Ein Vogel zupft an einem hellen Blatt.
Ein kleiner Junge gräbt sich in der Nasen
und freut sich, wenn er was gefunden hat.

Es prüfen vier Amerikanerinnen,
Ob Cook auch recht hat und hier Bäume stehn.
Paris von außen und Paris von innen:
sie sehen nichts und müssen alles sehn.

Die Kinder lärmen auf den bunten Steinen.
Die Sonne scheint und glitzert auf ein Haus.
Ich sitze still und lasse mich bescheinen
und ruh von meinem Vaterlande aus.

Peter Rühmkorf

Anti-Ikarus

Aufgefahren ist mein Bruder, der Briskmann, im silbernen
Schlitten,
niedergefallen zur Erde am zweiten Tag;
schon annulliert und nicht auferstanden am dritten –
Senke den Kopf, wer will, die Lidermarkise, wer mag

    Ich, im übrigen, kaufe das Ei des Kolumbus
    bei meinem Milchmann.

Ich vom Boden, jawohl, von der Erde ich, von den Steinen,
keine Kondore mehr im hirnenen Horst –!
Wer ist gekommen, Aufschwung und Fall zu beweinen
des geflügelten Affen, der Furcht in den Äther morst?

    Mythos kapuuut. Die Motten im Wielandshemd.
    Laika, die Liebliche, fault einen beachtlichen
    Tod. Aber beiß die Plomben zusammen; es kommen
    bald bessere Tage.

Grillen ins All gejagt, gefesselte Ikariden,
dein orthopädischer Traum im schlappenden Flügelschuh –
Nachschub an Wind, der sanfte Transport aus dem Süden,
schaufelt die Sterne zu.

    Auf dem Prometheus-Gasbrenner koche ich meine
    Zamek-Suppe. Ich habe die Flamme nicht erfunden.
    Ich werde die Glut nicht erläutern. Überhaupt
    sind meine Gedanken auf die nächsten drei Tage
    zugeschnitten: wie ich mein Brot mache für ein
    Leben, das ich sowieso nicht versteh. Und sieh
    nur, wie das Gulasch strampelt im Dural-Patent-
    topf ... Wer wächst da über sich hinaus?
    Nun noch den Pfeffer und Lorbeer, frisch von
    der Stirn gepflückt –:
    Ich werde kein absolutes Ding drehn!

JOACHIM RINGELNATZ

Die neuen Fernen

In der Stratosphäre,
Links vom Eingang, führt ein Gang
(Wenn er nicht verschüttet wäre)
Sieben Kilometer lang
Bis ins Ungefähre.

Dort erkennt man weit und breit
Nichts. Denn dort herrscht Dunkelheit.
Wenn man da die Augen schließt
Und sich langsam selbst erschießt,
Dann erinnert man sich gern
An den deutschen Abendstern.

ERICH KÄSTNER

Ein Kubikkilometer genügt

Ein Mathematiker hat behauptet,
daß es allmählich an der Zeit sei,
eine stabile Kiste zu bauen,
die tausend Meter lang, hoch und breit sei.

In diesem einen Kubikkilometer
hätten, schrieb er im wichtigsten Satz,
sämtliche heute lebenden Menschen
(das sind zirka zwei Milliarden!) Platz!

Man könnte also die ganze Menschheit
in eine Kiste steigen heißen
und diese, vielleicht in den Kordilleren,
in einen der tiefsten Abgründe schmeißen.

Da lägen wir dann, fast unbemerkbar,
als würfelförmiges Paket.
Und Gras könnte über die Menschheit wachsen.
Und Sand würde daraufgeweht.

Kreischend zögen die Geier Kreise.
Die riesigen Städte stünden leer.
Die Menschheit läg in den Kordilleren.
Das wüßte dann aber keiner mehr.

GEORG KAISER

Oradour

Sie bäumten sich: daß sie gezwungen sengten
und in den aufgebrachten Feuerbrand
die Läufe schießend unaufhörlich lenkten,
bis sich im Schutt nichts Lebendes befand.

Sie sperrten sich mit heiligem Verwahren:
daß sie nur taten, was die Weisung hieß –
weh' dem, der in erschüttertem Gebaren
die Waffe wanken oder sinken ließ.

Sie mühten sich mit immer neuem Schildern:
daß die ein Urteil treffe und sie keins –
nicht kann es ihnen sich vor jenen mildern
und Weiser und Gewiesene sind eins.

HILDE DOMIN

Graue Zeiten
Den Lesern der Deutschen National-Zeitung und Soldatenzeitung

Es muß aufgehoben werden
als komme es aus grauen Zeiten.

Menschen wie wir, wir unter ihnen,
fuhren auf Schiffen hin und her
und konnten nirgends landen.

Menschen wie wir, wir unter ihnen,
durften nicht bleiben
und konnten nicht gehen.

Menschen wie wir, wir unter ihnen,
grüßten unsere Freunde nicht
und wurden nicht gegrüßt.

Menschen wie wir, wir unter ihnen,
standen an fremden Küsten
um Verzeihung bittend, daß es uns gab.

Menschen wie wir, wir unter ihnen,
wurden bewahrt.

Menschen wie wir, wir unter ihnen,
Menschen wie ihr, ihr unter ihnen,
jeder

kann ausgezogen werden
und nackt gemacht
die nackten Menschenpuppen,

nackter als Tierleiber,
unter den Kleidern
der Leib der Opfer.

Ausgezogen
die noch morgens die Schalen um sich haben
weiße Körper.

Glück hatte wer nur
gestoßen wurde
von Pol zu Pol.

Die grauen Zeiten
ich spreche von den grauen Zeiten
als ich jünger war als ihr jetzt.

2
Die grauen Zeiten
von denen nichts uns trennt als
zwanzig Jahre.

Die Köpfe der Zeitungen
das Rot und das Schwarz
unter dem Wort »Deutsch«

ich sah es schon einmal.
Zwanzig Jahre:

Montag viel. Dienstag nichts
zwischen

uns und den grauen Zeiten.

3
Manchmal sehe ich dich

von wilden Tieren zerrissen
von Menschentieren

wir lachen vielleicht

Deine Angst die ich nie sah
diese Angst
ich sehe euch.

4
dich
und den
und den,
Menschen wie ihr,
ihr unter ihnen,
Menschen wie wir,
wir unter ihnen.
Nackte Menschenpuppen
die heute noch die Schalen um sich haben.

Die Köpfe der Zeitungen
das Rot und das Schwarz
unter dem Worte »Deutsch«.
Die Toten stehen neben den Kiosken
und sehen mit großen Augen
die Köpfe der Zeitungen an
den schwarz und rot gedruckten Haß
unter dem Worte »Deutsch«.
Die Toten fürchten sich.

Dies ist ein Land
in dem die Toten sich fürchten.

JESSE THOOR

Wolfsonett (– im Februar 1944)

Raben sind nach allen Seiten über den Kopf hinweg geflogen.
Wie süß der Frühling ist, und der Herbst ist herb und satt.
Wenn der Winter geht – brauchen wir keine Liegestatt.
Hat Schnee die Füße bedeckt, Leid den Rücken niedergebogen.

Gewacht ... Geschlafen ... Wasser getrunken ... Knochen
benagt.
Nun möge der Heiland uns gnädig sein, und die Seele erlösen.
Wir alle waren, wie Geschwister sind im Guten oder im Bösen.
Wie aber wird es sein, wenn einer zu seinen Richtern sagt:

Seht ... ich lebe! – Noch hat keiner mir das Genick gebrochen.
Das war einfach so: gesprungen oder gekrochen. – Und seht:
In allen Provinzen Europas habe ich die Erde gerochen.

Mit Ratten und mit Mäusen das Nachtgebet gesprochen: –
Im Kloster von Cassino wird niemand mehr eine Suppe kochen.
Der heilige Franz ist mein Zeuge. – – Nun geht!

HORST BINGEL

Fragegedicht

Hitler war nicht in Deutschland
niemals
haben sie wirklich herrn Hitler gesehen
Hitler ist eine erfindung

man wollte uns
wie damals
die schuld
Hitler ist eine Erfindung
dekadent
ihre dichter
für Hitler
erstmals
den Nobelpreis
für ein kollektiv
Hitler

eine deutsche Frau
ist nicht für Hitler
die deutschen frauen
nicht
sie tun es
die pfarrer
am sonntag frühmorgens
niemand hat Hitler gesehen

niemand hat Hitler gesehen
Hitler ist ein gedicht
nur an gedichten
sterben sie nicht
in blauen augen
wird Hitler
kein unheil anrichten
wer hat gesagt
die Juden die Deutschen die Polen
gibt es nicht
nicht

Hitler ist eine erfindung
der bösen der guten der bösen
wer so etwas
wir aber werden
verzeihen
poesie
das hebt
heraus
Hitler ist keine nationaldichtung
wir waren schon immer
verderbt
durch fremdländisches

Hitler ist das größte
an internationaler poesie
schade
doch Goethe hat es
geahnt
Goethe unser

Hitler hat inspiriert
autobahnen

briefmarken
wir haben Hitler
umgesetzt
wirtschaftlich
autark
nichts wurde fortan
unmöglich
Hitler
unsere stärke
war
fremdländisches
umzusetzen
umzusetzen
wir haben Hitler
assimiliert geschluckt
Hitler
ich
du
er
sie
es
und und
Hitler
ich
du
ohne ende ohne
kein ende
ich
du
wir fragen nach
Hitler
Hitler
wir
Hitler
aber wir fragen

CHRISTIAN MORGENSTERN

Das Knie

Ein Knie geht einsam durch die Welt.
Es ist ein Knie, sonst nichts!
Es ist kein Baum! Es ist kein Zelt!
Es ist ein Knie, sonst nichts.

Im Kriege ward einmal ein Mann
erschossen um und um.
Das Knie allein blieb unverletzt –
als wärs ein Heiligtum.

Seitdem gehts einsam durch die Welt.
Es ist ein Knie, sonst nichts.
Es ist kein Baum, es ist kein Zelt.
Es ist ein Knie, sonst nichts.

CHRISTOPH MECKEL

Lied zur Pauke

Laut verlacht verlaust verloren
Blut geschluckt und Kopf geschoren
abgetan und ausverkauft und
quergelegt und Haar gerauft und

angepfahlt und abgeschlacht und
alle Knochen klein gemacht und
übern Kopf die Haut gezogen
und mit Eisen aufgewogen

krummgepeitscht und gradgestaucht und
angespuckt und Herz verhaucht und
Hundeschnauzen festgebissen
und die Arme abgerissen

ausgedörrt und kleingezwängt und
Steine um den Hals gehängt und
Riemen um den Bauch geschlungen
und mit Knüppeln umgesprungen

Pflock ins Fleisch und Tritt in Bauch und
aufgehängt in Schnee und Rauch und
Zahn und Zähne ausgeschlagen
und das Gold nach Haus getragen.

Soweit wär er hergestellt nun
abgeschoben in die Welt nun
daß er seine Beine hebe!
daß er weiterlauf und lebe!

ERICH FRIED

Beim Nachdenken über Vorbilder

Die uns
vorleben wollen

wie leicht
das Sterben ist

Wenn sie uns
vorsterben wollten

wie leicht
wäre das Leben

VOLKER BRAUN

Gebrauchsanweisung zu einem Protokoll

Ich bin der Soundso, den ihr kritisiert
Weil er Worte wie MÜDIGKEIT, TRÄGHEIT
Erwähnt, die schon
Ungewohnt sind.

Ich komme, die Kritik anzuhören
Aus meiner Stadt Dresden, wo ich in Gedanken weilte:
Die noch immer Wunden trägt auf der Stirn
Deren Feinde noch am Leben sind
Deren einer Bürger Karl Schmidtmüllerschulze
Den Untergang seiner Stadt, seiner Ehe, seiner Hoffnungen

Erlebte und der an keiner Stelle, auch nicht
Am Arbeitsplatz, Berufung einlegte gegen dies Schicksal
Sondern er ist gleichgültig geworden.

Von dort komme ich eben, zornig und
Laut, und sage noch immer
Zu Karl Schmidtmüllerschulze:

IchkannleichtlebeninSchlafsälen:
WENN ICH MÜDE BIN

IchkanndasJahrhundertwieeineDrehorgelrausleiern:
FÜR DIE LIEBHABER PUCCINIS

IchkanndirimklarenWassermeineDenkerstirnspiegeln:
WENN DU MIR DEN FLUSS ANHIELTEST.

Und auch ihr hört mich so reden, Genossen, die ihr
Nichts hören wollt von Müdigkeit –

Und ich verstehe euch, die ich sehe, wie ihr
Wenig schlaft und die Flüsse bewegt
Und das Jahrhundert: und
Deshalb akzeptiere ich
Einmal nicht, was ihr sagt, und versteife mich und höre
Da nicht auf euch.

HANS MAGNUS ENZENSBERGER

verteidigung der wölfe gegen die lämmer

soll der geier vergißmeinnicht fressen?
was verlangt ihr vom schakal,
daß er sich häute, vom wolf? soll
er sich selber ziehen die zähne?
was gefällt euch nicht
an politruks und an päpsten,
was guckt ihr blöd aus der wäsche
auf den verlogenen bildschirm?

wer näht denn dem general
den blutstreif an seine hose? wer

zerlegt vor dem wucherer den kapaun?
wer hängt sich stolz das blechkreuz
vor den knurrenden nabel? wer
nimmt das trinkgeld, den silberling,
den schweigepfennig? es gibt
viel bestohlene, wenig diebe; wer
steckt die abzeichen an, wer
lechzt nach der lüge?

seht in den spiegel: feig,
scheuend die mühsal der wahrheit,
dem lernen abgeneigt, das denken
überantwortend den wölfen,
der nasenring euer teuerster schmuck,
keine täuschung zu dumm, kein trost
zu billig, jede erpressung
ist für euch noch zu milde.

ihr lämmer, schwestern sind,
mit euch verglichen, die krähen:
ihr blendet einer den andern.
brüderlichkeit herrscht
unter den wölfen:
sie gehn in rudeln.

gelobt sein die räuber: ihr,
einladend zur vergewaltigung,
werft euch aufs faule bett
des gehorsams. winselnd noch
lügt ihr. zerrissen
wollt ihr werden. ihr
ändert die welt nicht.

HELGA M. NOVAK

vom Deutschen und der Polizei

zwei Freunde schwatzten die sich herkannten
von den Kinderschuhen saßen bei Beern und Sahne
gossen da Spott auf Polizei Gericht und Staat
ernst und grinsend verhöhnten sie die Knebel

sieht man auch
Bäume von weitem.
Betrachtet
die mächtigen Äste.
Der Ast einer Kastanie
erschlug hier einen Dichter.

Geht uns aus der Sonne
dann reden wir weiter
über unsere Perspektive.

DAGMAR NICK

Den Generälen ins Soldbuch

Ordnet die Himmel neu,
ihr Herrscher der Heerscharen,
setzt den Monden,
die ihr mit euren Sonden beleidigt,
neue Gezeiten,
teilt die Sonnensysteme
unter euch auf,
ihr braucht Raum für die Toten,
fügt ins Sternbild der Zwietracht
den Kainsstern, das Brudermal,
Grabmal für einen und tausend Gemordete,
der Messias wird euch nicht hindern,
künftige Stahlsärge
in den Staub der Planeten zu senken
im Namen der Väter und der Söhne
und der geheiligten Hybris,
ordnet die Himmel neu,
die uns verheißen sind,
aber vergeßt nicht die Hölle,
ihr Herrscher der Heerscharen,
eine neue Hölle für uns,
die wir zu überleben hoffen
am Rande des Chaos.

sedativer rat für staatsbesuche

sie spielen, singen
von herzensgrund aus vollem hals
mit neuem mut das alte lied
unter anderem
»über alles« und
»allons enfants« oder
»GOD save our gracious...«

papier ist geduldig, kameras
und mikrofone ungeduldiger.
nationen
lieben deklamationen. lechzen
nach wangenküssen unterm fahnenwald
(wer hat ihn aufgebauscht so hoch da droben)
brillengläser feuchten sich beim präsentiergriff.

hochglanz schreit
nach großem bahnhof
man schreitet
protokollarisch korrekt
auf roten plüschläufern die front ab,
den homburg in der hand
fürs vaterland

bleiben sie bedeckt herr
drosseln sie den puls der begeisterung
bei sich, nitroglyzerin hilft auch hier:
nationalhymnen sind
keinen herzinfarkt wert,
filterzigaretten
strengen den kreislauf schon genug an.
denn sie werden noch gebraucht
hic et nunc als spalierobst
morgen als stimmvieh
jetzt und nimmerdar für die verbraucherstatistik
und hoffentlich überübermorgen
nicht noch zu etwas anderem.

um alles in der welt:
erhalten sie sich
der mitwelt, der halbwelt, der nachwelt
für die kommende stunde des notstands.

PETER HANDKE

Die drei Lesungen des Gesetzes

1.
Jeder Staatsbürger hat das Recht –
Beifall
seine Persönlichkeit frei zu entfalten –
Beifall
insbesondere hat er das Recht auf:
Arbeit –
Beifall
Freizeit –
Beifall
Freizügigkeit –
Beifall
Bildung –
Beifall
Versammlung –
Beifall
sowie auf Unantastbarkeit der Person –
starker Beifall.

2.
Jeder Staatsbürger hat das Recht –
Beifall
im Rahmen der Gesetze seine Persönlichkeit frei zu entfalten –
Rufe: Hört! Hört!
insbesondere hat er das Recht auf:
Arbeit, entsprechend den gesellschaftlichen Erfordernissen –
Unruhe, Beifall
auf Freizeit nach Maßgabe seiner gesellschaftlich notwendigen
Arbeitskraft –
Zischen, Beifall, amüsiertes Lachen, Unruhe
auf Freizügigkeit, ausgenommen die Fälle, in denen
eine ausreichende Lebensgrundlage nicht vorhanden
ist und der Allgemeinheit daraus besondere Lasten entstehen
würden –

schwacher Beifall, höhnisches Lachen, Scharren, Unruhe
auf Bildung, soweit die ökonomischen Verhältnisse sie sowohl
                                    zulassen als auch nötig machen –
starke Unruhe, Murren, unverständliche Zwischenrufe,
                                    Türenschlagen, höhnischer Beifall
auf Versammlung nach Maßgabe der Unterstützung der
                    Interessen der Mitglieder der Allgemeinheit –
Pultdeckelschlagen, Pfeifen, allgemeine Unruhe, Lärm,
vereinzelte Bravorufe, Protestklatschen, Rufe wie: Endlich!
oder: Das hat uns noch gefehlt!, Trampeln, Gebrüll, Platzen
von Papiertüten
sowie auf Unantastbarkeit der Person –
Unruhe und höhnischer Beifall.

3.
Jeder Staatsbürger hat das Recht,
im Rahmen der Gesetze und der guten Sitten seine
                            Persönlichkeit frei zu entfalten,
insbesondere hat er das Recht auf Arbeit entsprechend
den wirtschaftlichen und sittlichen Grundsätzen der
                                            Allgemeinheit –
das Recht auf Freizeit nach Maßgabe der allgemeinen
wirtschaftlichen Erfordernisse und den Möglichkeiten
                eines durchschnittlich leistungsfähigen Bürgers –
das Recht auf Freizügigkeit, ausgenommen die Fälle,
in denen eine ausreichende Lebensgrundlage nicht
vorhanden ist und der Allgemeinheit dadurch besondere Lasten entstehen würden oder aber zur Abwehr
einer drohenden Gefahr für den Bestand der Allgemeinheit oder zum Schutz vor sittlicher und leistungs-
abträglicher Verwahrlosung oder zur Erhaltung eines
geordneten Ehe- Familien- und Gemeinschaftslebens –
das Recht auf Bildung, soweit sie für den wirtschaft-
lich-sittlichen Fortschritt der Allgemeinheit sowohl
zuträglich als auch erforderlich ist und soweit sie nicht
Gefahr läuft, den Bestand der Allgemeinheit in ihren
                Grundlagen und Zielsetzungen zu gefährden –
das Recht auf Versammlung nach Maßgabe sowohl
der Festigung als auch des Nutzens der Allgemeinheit
und unter Berücksichtigung von Seuchengefahr,
                Brandgefahr und drohenden Naturkatastrophen –
sowie das Recht auf Unantastbarkeit der Person:
Allgemeiner stürmischer, nichtendenwollender Beifall.

GÜNTER BRUNO FUCHS

Gelöbnisse des neuen Bürgermeisters

1
Ich werde
bei künftigen Demonstrationen den Befehl ausgeben an Alle:
                                                    Mund
schließen, Maul
halten! (Das trifft noch am meisten. Besonders
die unteren Stände!)

2
Ich werde
mit meinen Freiwilligen und gründlichen Kammerjägern
gegen den tyrannischen Anspruch
einer kleinen Gruppe junger Kunstzigeuner
gemeinsam ins Feld ziehen, Gewehr
bei Schnee.

3
Ich werde
(im Zuge der Frühjahrs-Bereinigung) jene Fundgrube
ausheben lassen, aus der
seit geraumer Zeit ein aufsässiger Gesang
zum Himmel
dringt.

4
Ich werde
(in geheimer Razzia) sehr bald die rote Ziegelwand vom Regen
überprüfen lassen, ob da wohl
morsche Stellen sind (und eines
neuen Putzes wegen.)

5
Ich werde
eine Gedenkstätte errichten
zu Ehren aller wachsamen Polizeihelfer (reitend auf dem Rücken
eines gewaltigen Maikäfers, darstellend
die Landplage und ihre
Bezwinger.)

6
Ich werde
Schilder und Tafeln anbringen lassen, auf denen markiert ist,
welche interessanten Wanderwege in unseren Kurort hinein-
führen
und wo sichs gut sein läßt
an vielgerühmten
Plätzen.

7
Ich werde
zwischen Berg und Tal
mit jungen Männern spät an Kartoffelfeuern sitzen
und sie das herbe Lied
der Hünengräber
lehren.

8
Ich werde
mit zwei (gut erhaltenen) Koch-Geschirren frührer Tage
anstoßen auf das Abendrot.

9
Ich werde
jeden Schneeball, der winters
einen Polizisten trifft, in Untersuchungshaft
hinschmelzen lassen
bis zum Fest.

F. C. Delius

Nach dem Manöver

Mein Freund schreibt aus Koblenz:
    Mein Freund schreibt aus Erfurt:
Wir schießen nicht gern,
    Wir schießen,
aber wir schießen.
    aber wir schießen nicht gern.

Von beiden Seiten getroffen,
frag ich, euer Pappkamerad:
Wem ergebe ich mich?

WOLF BIERMANN

Ballade vom preußischen Ikarus

1. Da, wo die Friedrichstraße sacht
   Den Schritt über das Wasser macht
         da hängt über der Spree
   Die Weidendammerbrücke. Schön
   Kannst du da Preußens Adler sehn
         wenn ich am Geländer steh

         dann steht da der preußische Ikarus
         mit grauen Flügeln aus Eisenguß
               dem tun seine Arme so weh
         er fliegt nicht weg – er stürzt nicht ab
         macht keinen Wind – und macht nicht schlapp
               am Geländer über der Spree.

2. Der Stacheldraht wächst langsam ein
   Tief in die Haut, in Brust und Bein
         ins Hirn, in graue Zelln
   Umgürtet mit dem Drahtverband
   Ist unser Land ein Inselland
         umbrandet von bleiernen Welln

         da steht der preußische Ikarus
         mit grauen Flügeln aus Eisenguß
               dem tun seine Arme so weh
         er fliegt nicht weg – und stürzt nicht ab
         macht keinen Wind – und macht nicht schlapp
               am Geländer über der Spree

3. Und wenn du wegwillst, mußt du gehn
   Ich hab schon viele abhaun sehn
         aus unserm halben Land
   Ich halt mich fest hier, bis mich kalt
   Dieser verhaßte Vogel krallt
         und zerrt mich übern Rand

         dann bin ich der preußische Ikarus
         mit grauen Flügeln aus Eisenguß
               dann tun mir die Arme so weh

dann flieg ich hoch – dann stürz ich ab
mach bißchen Wind – dann mach ich schlapp
am Geländer über der Spree

WOLF BIERMANN

Fritz Cremer, Bronze: »Der Aufsteigende«

Mühsam Aufsteigender
Stetig Aufsteigender
Unaufhaltsam aufsteigender Mann

Mann, das iss mir ja 'n schöner Aufstieg:
Der stürzt ja!
Der stürzt ja fast!
Der sieht ja aus, als stürze er
Fast sieht der ja aus, als könnte er stürzen

Steigt aber auf
Der steigt auf
Der steigt eben auf!
Der steigt aber mächtig auf!
Der hat Newtons berühmten Apfel gegessen:
Der steigt einfach auf

Noch nicht die kralligen Zehen, aber
Die Hacke riß er schon vom Boden
Über das Knie zerren die Sehnen das Bein
Auf Biegen und Brechen zur Geraden
Das wieder stemmt hoch ins Becken
Die Hüften wuchten nach oben
Aufwärts auch quält sich der massige Bauch
Die den Brustkorb umgürten:
Die Muskelstränge, sie münden
Vorbei am mächtig gebeugten Kopf
In jener Schulter. Ergießen sich dann
In jenen Arm. Und stürzen weiter
Bis in die Hand. Schnellen hoch
In die Fingerspitzen. Ja!
Dieser Fleischklotz strebt auf
Dieser Koloß steigt und steigt
– das ist eben ein Aufsteigender!

Der steigt unaufhaltsam auf
– mühsam auch, ich sagte es schon –
Diesen Mann da nennen wir zu Recht:
DEN AUFSTEIGENDEN

Nun sag uns nur noch das:

Wohin steigt dieser da?

Da oben, wohin er steigt
was ist da? Ist da überhaupt
oben?

Du, steigt der auf zu uns?
Oder steigt er von uns auf?

Geht uns der voran?
Oder verläßt er uns?

Verfolgt er wen?
Oder flieht er wen?

Macht er Fortschritte?
Oder macht er Karriere?

Oder soll er etwa, was wir schon ahnten:
Ein Symbol sein der Gattung Mensch?
Steigt das da auf
Zur Freiheit, oder, was wir schon ahnten:
Zu den Fleischtöpfen?
Oder steigt da die Menschheit auf
Im Atompilz zu Gott und, was wir schon ahnten:
Ins Nichts?

So viele Fragen um einen, der aufsteigt

ERICH FRIED

Taten

Es riecht verbrannt
auch wenn man nicht weiß was verbrennt
Wonach wird die Freiheit riechen
die so geschützt wird?

Wie wird sie von oben aussehen
oder von innen
oder von hinten
in zehn oder zwanzig Jahren?

Wie wird man den Kindern erklären
daß damals Einer
Bäume vergiften ließ
und Kinder verbrennen?

Und was werden
die Geschichtsbücher sagen
nach seinem Tod?
Mit wem vergleicht man ihn dann?

BERTOLT BRECHT

An die Nachgeborenen

I
Wirklich, ich lebe in finsteren Zeiten!
Das arglose Wort ist töricht. Eine glatte Stirn
Deutet auf Unempfindlichkeit hin. Der Lachende
Hat die furchtbare Nachricht
Nur noch nicht empfangen!

Was sind das für Zeiten, wo
Ein Gespräch über Bäume fast ein Verbrechen ist
Weil es ein Schweigen über so viele Untaten einschließt!
Der dort ruhig über die Straße geht
Ist wohl nicht mehr erreichbar für seine Freunde
Die in Not sind?

Es ist wahr: ich verdiene noch meinen Unterhalt.
Aber glaubt mir: das ist nur ein Zufall. Nichts
Von dem, was ich tue, berechtigt mich dazu, mich satt zu essen.
Zufällig bin ich verschont. (Wenn mein Glück aussetzt
     Bin ich verloren.)

Man sagt mir: Iß und trink du! Sei froh, daß du hast!
Aber wie kann ich essen und trinken, wenn
Ich dem Hungernden entreiße, was ich esse, und
Mein Glas Wasser einem Verdurstenden fehlt?
Und doch esse und trinke ich.

Ich wäre gerne auch weise.
In den alten Büchern steht, was weise ist:
Sich aus dem Streit der Welt halten und die kurze Zeit
Ohne Furcht verbringen
Aber ohne Gewalt auskommen
Böses mit Gutem vergelten
Seine Wünsche nicht erfüllen, sondern vergessen
Gilt für weise.
Alles das kann ich nicht:
Wirklich, ich lebe in finsteren Zeiten!

II
In die Städte kam ich zur Zeit der Unordnung
Als da Hunger herrschte.
Unter die Menschen kam ich zu der Zeit des Aufruhrs
Und ich empörte mich mit ihnen.
So verging meine Zeit
Die auf Erden mir gegeben war.

Mein Essen aß ich zwischen den Schlachten
Schlafen legte ich mich unter die Mörder
Der Liebe pflegte ich achtlos
Und die Natur sah ich ohne Geduld.
So verging meine Zeit
Die auf Erden mir gegeben war.

Die Straßen führten in den Sumpf zu meiner Zeit.
Die Sprache verriet mich dem Schlächter.
Ich vermochte nur wenig. Aber die Herrschenden

Saßen ohne mich sicherer, das hoffte ich.
So verging meine Zeit
Die auf Erden mir gegeben war.

Die Kräfte waren gering. Das Ziel
Lag in großer Ferne
Es war deutlich sichtbar, wenn auch für mich
Kaum zu erreichen.
So verging meine Zeit
Die auf Erden mir gegeben war.

III
Ihr, die ihr auftauchen werdet aus der Flut
In der wir untergegangen sind
Gedenkt
Wenn ihr von unseren Schwächen sprecht
Auch der finsteren Zeit
Der ihr entronnen seid.

Gingen wir doch, öfter als die Schuhe die Länder wechselnd
Durch die Kriege der Klassen, verzweifelt
Wenn da nur Unrecht war und keine Empörung.

Dabei wissen wir doch:
Auch der Haß gegen die Niedrigkeit
Verzerrt die Züge.
Auch der Zorn über das Unrecht
Macht die Stimme heiser. Ach, wir
Die wir den Boden bereiten wollten für Freundlichkeit
Konnten selber nicht freundlich sein.

Ihr aber, wenn es soweit sein wird
Daß der Mensch dem Menschen ein Helfer ist
Gedenkt unsrer
Mit Nachsicht.

HANS MAGNUS ENZENSBERGER

weiterung

wer soll da noch auftauchen aus der flut,
wenn wir darin untergehen?

noch ein paar fortschritte,
und wir werden weitersehen.

wer soll da unsrer gedenken
mit nachsicht?

das wird sich finden,
wenn es erst soweit ist.

und so fortan
bis auf weiteres

und ohne weiteres
so weiter und so

weiter nichts

keine nachgeborenen
keine nachsicht

nichts weiter

Autoren- und Quellenverzeichnis

Ilse Aichinger (geb. 1921), *Breitbrunn* — 135
–, *Bei Linz* — 161
–, *Abgezählt* — 192
–, *Durch und durch* — 193
    Aus: verschenkter Rat. Gedichte. Frankfurt am Main 1978. Mit
    freundlicher Genehmigung des S. Fischer Verlages, Frankfurt
    am Main

Erich Arendt (geb. 1903), *Winter des Apennin* — 58
    Aus: Unter den Hufen des Winds, Ausgewählte Gedichte
    1916–1965. Mit freundlicher Genehmigung des Autors

Hans Arp (1887–1966), *das bezungte brett* — 240
    Aus: Gesammelte Gedichte. Gedichte 1903–1939. Wiesbaden
    1963. Mit freundlicher Genehmigung des Limes Verlages, Wies-
    baden
–, *Der poussierte Gast (6)* — 190
–, *Das Tagesgerippe (7)* — 191
    Aus: Gesammelte Gedichte. Gedichte 1903–1939. Wiesbaden
    1963. Mit freundlicher Genehmigung des Verlages der Arche,
    Peter Schifferli, Zürich

Hans Carl Artmann (geb. 1921), *Sah ein kleines unicorn* — 250
    Aus: Akzente. Zeitschrift für Dichtung, Heft 2/1957. München.
    Mit freundlicher Genehmigung des Suhrkamp Verlages, Frank-
    furt am Main

Arnfrid Astel (geb. 1933), *Telefonüberwachung* — 104
–, *Schützenhilfe* — 104
    Aus: Kläranlage, 100 neue Epigramme. München 1970. Mit
    freundlicher Genehmigung des Autors

Rose Ausländer (geb. 1907), *Kreisen* — 34
–, *Tübingen* — 54
–, *Fragebogen* — 98
–, *Anklage* — 99
    Aus: Gesammelte Gedichte. Köln 1977. Mit freundlicher Ge-
    nehmigung des Literarischen Verlages Helmut Braun, Köln

Ingeborg Bachmann (1926–1973), *Anrufung des Großen Bären* — 118
–, *Schatten Rosen Schatten* — 175
–, *Die gestundete Zeit* — 198
–, *Reklame* — 212
    Aus: Anrufung des Großen Bären. München 1956. Mit freundli-
    cher Genehmigung des R. Piper Verlages, München

Wolfgang Bächler (geb. 1925), *Fischmarkt* — 29
–, *Der Kirschbaum* — 37
    Aus: Ausbrechen. Gedichte aus 30 Jahren. Frankfurt am Main

1976. Mit freundlicher Genehmigung des S. Fischer Verlages, Frankfurt am Main

Hugo Ball (1886–1927), *Wolken*   46
–, *Das Gespenst*   170
  Aus: Gesammelte Gedichte mit Photos und Faksimiles. Samm-
  lung Horizont. Zürich 1963. Mit freundlicher Genehmigung des
  Verlages der Arche, Peter Schifferli, Zürich

Johannes R. Becher (1891–1958), *Deutsche Gräber an der Ostfront*   80
  Aus: Dichtung. Erster Teil. Berlin 1952. Mit freundlicher Genehmigung des Aufbau Verlages, Berlin

Jürgen Becker (geb. 1932), *Langsam, ein Sonntag*   211
–, *Im Schatten der Hochhäuser*   211
–, *Am Stadtrand, Militärringstraße*   211
  Aus: Erzähl mir nichts vom Krieg. Gedichte. Frankfurt am Main
  1977. Mit freundlicher Genehmigung des Suhrkamp Verlages,
  Frankfurt am Main

Hans Bender (geb. 1919), *November*   33
–, *Oktoberende*   33
–, *Der junge Soldat*   83
  Aus: Lyrische Biographie. Graphische Werkstätten der Werk-
  kunstschule Wuppertal, Wuppertal 1957. Mit freundlicher Ge-
  nehmigung des Autors

Gottfried Benn (1886–1956), *Astern*   44
–, *Abschied*   136
–, *Ein Wort*   147
–, *Verlorenes Ich*   176
  Aus: Gesammelte Werke in acht Bänden. Wiesbaden 1960. Mit
  freundlicher Genehmigung des Verlages der Arche, Peter Schif-
  ferli, Zürich
–, *Fragmente*   212
  Aus: Gesammelte Werke in acht Bänden. Wiesbaden 1960. Mit
  freundlicher Genehmigung des Limes Verlages, Wiesbaden

Werner Bergengruen (1892–1964), *Leben eines Mannes*   131
  Aus: Figur und Schatten. Gedichte. Zürich 1958. Mit freundli-
  cher Genehmigung des Verlages der Arche, Peter Schifferli,
  Zürich

Horst Bienek (geb. 1930), *Exekution*   110
–, *Sehr fern*   110
–, *Sagen Schweigen Sagen*   166
  Aus: Was war was ist. Gedichte. München 1966. Mit freundli-
  cher Genehmigung des Carl Hanser Verlages, München

Wolf Biermann (geb. 1936), *Ballade vom preußischen Ikarus*   283
   Aus: Preußischer Ikarus. Lieder/Balladen/Gedichte/Prosa.
   Köln 1978. Mit freundlicher Genehmigung des Verlages Kiepen-
   heuer & Witsch, Köln
–, *Fritz Cremer, Bronze: »Der Aufsteigende«*   284
   Aus: Mit Marx- und Engelszungen. Gedichte Balladen Lieder.
   Berlin 1968. Mit freundlicher Genehmigung des Klaus Wagen-
   bach Verlages, Berlin

Horst Bingel (geb. 1933), *Der Gang*   105
–, *Fragegedicht*   268
   Aus: Wir suchen Hitler. Gedichte. Bern, München, Wien 1965.
   Mit freundlicher Genehmigung des Autors

Ernst Blaß (1890–1939), *Sonnenuntergang*   65
–, *Abendstimmung*   225
   Aus: Die Straßen komme ich entlang geweht. Heidelberg 1912

Johannes Bobrowski (1917–1965), *Ostern*   62
   Aus: Schattenland Ströme. Gedichte. Stuttgart 1962
–, *Der Ilmensee 1941*   63
   Aus: Sarmatische Zeit, Stuttgart 1961. Mit freundlicher Geneh-
   migung der Deutschen Verlags-Anstalt, Stuttgart
–, *Nachtfischer*   64
   Aus: Wetterzeichen. Berlin 1967. Mit freundlicher Genehmi-
   gung des Klaus Wagenbach Verlages, Berlin

Paul Boldt (1885–1918), *Junge Pferde*   28
   Aus: Junge Pferde (Bücherei ›Der jüngste Tag‹, Band 11). Leip-
   zig 1914

Rudolf Borchardt (1877–1945), *Pargoletta*   125
–, *Die September-Sonette*   129
   Aus: Gesammelte Werke. Gedichte. Stuttgart 1955 ff. Mit
   freundlicher Genehmigung des Ernst Klett Verlages, Stuttgart

Elisabeth Borchers (geb. 1926), *Genug davon*   116
–, *Ich erzähle dir*   174
   Aus: Der Tisch an dem wir sitzen. Gedichte. Neuwied und
   Berlin 1967. Mit freundlicher Genehmigung des Luchterhand
   Verlages, Darmstadt und Neuwied

Nicolas Born (geb. 1937), *Im D-Zug München–Hannover*   59
   Aus: Gedichte 1967–1978. Reinbek 1978. Mit freundlicher Ge-
   nehmigung des Rowohlt Verlages, Reinbek bei Hamburg
–, *Einzelheit, damals*   87
   Aus: Marktlage. Gedichte. Köln, Berlin 1967. Mit freundlicher
   Genehmigung des Verlages Kiepenheuer & Witsch, Köln

Rainer Brambach (geb. 1917), *Bericht aus dem Garten*   35

Aus: Tagwerk. Zürich 1959. Mit freundlicher Genehmigung des
Verlages Fretz und Wasmuth, Zürich
–, *Niemand wird kommen*   191
Aus: Junge Lyrik 1956. München 1956. Mit freundlicher Geneh-
migung des Carl Hanser Verlages, München

Volker Braun (geb. 1939), *Gebrauchsanweisung zu einem Proto-
koll*   272
Aus: Vorläufiges. Frankfurt am Main 1966
–, *Der ferne Krieg*   120
–, *Fragen eines Arbeiters während der Revolution*   261
Aus: Wir und nicht sie. Gedichte. Frankfurt am Main 1970. Mit
freundlicher Genehmigung des Suhrkamp Verlages, Frankfurt
am Main

Bertolt Brecht (1898–1956), *Mein Bruder war ein Flieger*   81
–, *Lied der Starenschwärme*   103
–, *Der Radwechsel*   147
–, *Die Krücken*   259
–, *Morgendliche Rede an den Baum Griehn*   259
–, *Fragen eines lesenden Arbeiters*   260
–, *An die Nachgeborenen*   286
Aus: Gesammelte Werke. Frankfurt am Main 1967. Mit freund-
licher Genehmigung des Suhrkamp Verlages, Frankfurt am Main

Rolf Dieter Brinkmann (1940–1975), *Einen jener klassischen*   208
–, *Oh, friedlicher Mittag*   210
Aus: Westwärts 1 & 2. Gedichte. Reinbek 1975. Mit freundlicher
Genehmigung des Rowohlt Verlages, Reinbek bei Hamburg

Georg Britting (1891–1964), *Raubritter*   28
–, *Der Hase*   30
Aus: Geschichten und Gedichte 1919–1939. München 1957. Mit
freundlicher Genehmigung der Nymphenburger Verlagshand-
lung, München

Paul Celan (1920–1970), *Entwurf einer Landschaft*   51
–, *Allerseelen*   145
Aus: Sprachgitter, Frankfurt am Main 1959
–, *Huhediblu*   242
Aus: Die Niemandsrose. Frankfurt am Main 1963. Mit freundli-
cher Genehmigung des S. Fischer Verlages, Frankfurt am Main
–, *Todesfuge*   95
Aus: Mohn und Gedächtnis. Stuttgart 1952. Mit freundlicher
Genehmigung der Deutschen Verlags-Anstalt, Stuttgart

Heinz Czechowski (geb. 1935), *Niobe*   88
Aus: Jahresring 70/71. Beiträge zur deutschen Literatur. Stuttgart 1970

Theodor Däubler (1876–1934), *Landschaft*   47
     Aus: Dichtungen und Schriften. München 1956. Mit freundli-
     cher Genehmigung des Kösel-Verlages, München

F. C. Delius (geb. 1943), *Schulreform*   239
–, *Nach dem Manöver*   282
     Aus: Kerbholz. Berlin 1965. Mit freundlicher Genehmigung des
     Klaus Wagenbach Verlages, Berlin

Hilde Domin (geb. 1912), *Wen es trifft*   111
–, *Herbst*   186
     Aus: Nur eine Rose als Stütze. Frankfurt am Main 1968. Mit
     freundlicher Genehmigung des S. Fischer Verlages, Frankfurt
     am Main
–, *Drei Arten Gedichte aufzuschreiben*   163
     Aus: Ich will dich. Gedichte. München 1970
–, *Graue Zeiten*   265
     Lyrik aus dieser Zeit. 1967/68. München und Eßlingen 1967. Mit
     freundlicher Genehmigung des R. Piper Verlages, München

Ernst Eggimann (geb. 1936), *nun kenne ich ihn*   193
–, *bohnen sind weisse kiesel*   193
–, *nid nala gewinnt*   194
     Mit freundlicher Genehmigung des Autors

Albert Ehrenstein (1886–1950), *Walstatt*   79
–, *Heimkehr*   135
     Aus: Gedichte und Prosa. Neuwied/Berlin 1961. Mit freundli-
     cher Genehmigung des Hermann Luchterhand Verlages, Darm-
     stadt und Neuwied

Günter Eich (1907–1972), *Tage mit Hähern*   32
–, *Botschaften des Regens*   68
–, *Latrine*   81
     Aus: Botschaften des Regens. Frankfurt am Main 1955
–, *Inventur*   82
     Aus: Abgelegene Gehöfte. Frankfurt am Main 1948
–, *Nachhut*   117
     Aus: Zu den Akten. Gedichte. Frankfurt am Main 1964
–, *Satzzeichen*   192
     Aus: Anlässe und Steingärten. Frankfurt am Main 1966. Mit
     freundlicher Genehmigung des Suhrkamp Verlages, Frankfurt
     am Main

Hans Magnus Enzensberger (geb. 1929), *fund im schnee*   90
     Aus: Landessprache. Frankfurt am Main 1963
–, *abendnachrichten*   119
–, *küchenzettel*   261
     Aus: Blindenschrift. Frankfurt am Main 1964
–, *ins lesebuch für die oberstufe*   120

–, *verteidigung der wölfe gegen die lämmer* 273
–, *weiterung* 288
–, *ratschlag auf höchster ebene* 275
    Aus: Verteidigung der Wölfe. Frankfurt am Main 1957. Mit
    freundlicher Genehmigung des Suhrkamp Verlages, Frankfurt
    am Main

Ludwig Fels (geb. 1946), *Sandbank* 187
–, *Mein Glück* 188
    Aus: Alles geht weiter. Gedichte. Darmstadt und Neuwied 1977.
    Mit freundlicher Genehmigung des Luchterhand Verlages,
    Darmstadt und Neuwied

Erich Fried (geb. 1921), *Humorlos* 103
–, *Beim Nachdenken über Vorbilder* 272
    Aus: und Vietnam und. Berlin 1966
–, *Taten* 286
    Aus: Anfechtungen. Fünfzig Gedichte. Berlin 1967. Mit freund-
    licher Genehmigung des Klaus Wagenbach Verlages, Berlin
–, *Die Maßnahmen* 69
    Aus: Gedichte. Hamburg 1958. Mit freundlicher Genehmigung
    des Claassen Verlages, Düsseldorf

Walter Helmut Fritz (geb. 1929), *Fesselung* 117
    Aus: Jahresring 70/71. Beiträge zur deutschen Literatur. Stutt-
    gart 1970. Mit freundlicher Genehmigung des Autors

Günter Bruno Fuchs (1928–1977), *Für ein Kind* 142
    Aus: Akzente. Zeitschrift für Dichtung, Heft 4, 1955. München
–, *Untergang* 227
    Aus: Pennergesang. Gedichte & Chansons. München 1965. Mit
    freundlicher Genehmigung des Carl Hanser Verlages, München
–, *Gelöbnisse des neuen Bürgermeisters* 281
    Aus: Handbuch für Einwohner. München 1970. Mit freundli-
    cher Genehmigung des Autors

Franz Fühmann (geb. 1922), *Lob des Ungehorsams* 258
    Aus: Die Richtung der Märchen. Gedichte. Berlin 1962. Mit
    freundlicher Genehmigung des Aufbau-Verlages, Berlin

Peter Gan (geb. 1894), *Ein Traum* 90
    Aus: Transit. Lyrikbuch der Jahrhundertmitte. Frankfurt am
    Main 1956. Mit freundlicher Genehmigung des Atlantis Verla-
    ges, Zürich

Stefan George (1868–1933), *Komm in den totgesagten park . . .* 44
–, *Eingang* 45
–, *Wir schreiten auf und ab im reichen flitter* 128
    Aus: Das Jahr der Seele. Godesberg 1948
–, *Goethe-Tag* 219

–, *Porta Nigra*   220
　　Aus: Werke. Ausgabe in zwei Bänden, Düsseldorf 1958. Mit
　　freundlicher Genehmigung des Helmut Küpper Verlages vor-
　　mals Georg Bondi, Düsseldorf und München

Claire Goll (1891–1977), *Augenlider aus Stein*   185
–, *Angina*   185
　　Aus: Die Antirose. Wiesbaden 1967. Mit freundlicher Genehmi-
　　gung des Limes Verlages, Wiesbaden

Yvan Goll (1891–1950), *Ode an den Herbst*   49
–, *Schnee-Masken*   145
–, *Stunden*   146
–, *Der Salzsee*   184
–, *Der Staubbaum*   184
　　Aus: Gedichte. Meilen/Schweiz 1968. Mit freundlicher Geneh-
　　migung des Luchterhand Verlages, Darmstadt und Neuwied

Eugen Gomringer (geb. 1925), *sich zusammenschließen . . .*   165
–, *worte sind schatten . . .*   166
　　Aus: Worte sind Schatten. Hamburg 1969. Mit freundlicher
　　Genehmigung des Autors
–, *o bo blow . . .*   246
　　Aus: 33 Konstellationen. St. Gallen 1960. Mit freundlicher Ge-
　　nehmigung des Autors

Günter Grass (geb. 1927), *Zugefroren*   173
–, *Nächtliches Stadion*   239
　　Aus: Die Vorzüge der Windhühner. Berlin/Neuwied 1956
–, *Falada*   236
　　Aus: Gleisdreieck. Berlin/Neuwied 1960. Mit freundlicher Ge-
　　nehmigung des Luchterhand Verlages, Darmstadt und Neuwied

Walter Gross (geb. 1924), *Dezembermorgen*   31
　　Aus: Akzente. Zeitschrift für Dichtung, Heft 4, 1963. München.
　　Mit freundlicher Genehmigung des Autors

Carl Guesmer (geb. 1929), *Bilder aus Mecklenburg*   36
　　Aus: Alltag in Zirrusschrift. Stuttgart 1960. Mit freundlicher
　　Genehmigung des Autors

Wolfgang Hädecke (geb. 1929), *Teltowkanal*   109
　　Aus: Leuchtspur im Schnee. München 1963. Mit freundlicher
　　Genehmigung des Carl Hanser Verlages, München

Peter Härtling (geb. 1933), *Beispiele*   143
–, *Kostbar*   144
　　Aus: Yamins Stationen. Gedichte. Stuttgart 1965. Mit freundli-
　　cher Genehmigung des S. Fischer Verlages, Frankfurt am Main

Friedrich Hagen (1903–1979), *Silbermünzen schüttet der Bach* ...   51
–, *nach jeder nacht* ...   101
    Mit freundlicher Genehmigung des Autors

Peter Handke (geb. 1942), *Die unbenutzten Todesursachen*   201
–, *Die drei Lesungen des Gesetzes*   279
    Aus: Die Innenwelt der Außenwelt der Innenwelt. Frankfurt am
    Main 1969. Mit freundlicher Genehmigung des Suhrkamp Verla-
    ges, Frankfurt am Main

Ferdinand Hardekopf (1876–1954), *Zwiegespräch*   224
    Aus: Gesammelte Dichtungen. Zürich 1962. Mit freundlicher
    Genehmigung des Verlages der Arche, Peter Schifferli, Zürich

Rolf Haufs (geb. 1935), *Deutscher Wald*   41
    Aus: Die Geschwindigkeit eines einzigen Tages. Gedichte. Rein-
    bek 1976. Mit freundlicher Genehmigung des Rowohlt Verlages,
    Reinbek bei Hamburg

Raoul Hausmann (1886–1971), *Nichts*   203
    Aus: Lyrik aus dieser Zeit 1967/68. München/Eßlingen 1967.
    Mit freundlicher Genehmigung des Bechtle Verlages, München

Helmut Heißenbüttel, *Topographien(e)*   162
–, *das Sagbare sagen* ...   162
–, *Bremen wodu*   245
    Aus: Textbuch 1 u. 5. Olten und Freiburg 1960 ff. Mit freundli-
    cher Genehmigung des Walter Verlages, Freiburg

Günter Herburger (geb. 1932), *Der Gesang der Wale*   180
    Aus: Ziele. Gedichte. Reinbek 1977. Mit freundlicher Genehmi-
    gung des Rowohlt Verlages, Reinbek bei Hamburg

Stephan Hermlin (geb. 1915), *Die toten Städte*   86
–, *Die Vögel und der Test*   91
    Aus: Die Städte. Gedichte. München und Eßlingen 1966. Mit
    freundlicher Genehmigung des Klaus Wagenbach Verlages,
    Berlin

Max Herrmann-Neisse (1886–1941), *Im Vollmondglanze*   66
    Aus: Verschollene und Vergessene. Wiesbaden 1951. Mit
    freundlicher Genehmigung des Franz Steiner Verlages, Wies-
    baden

Hermann Hesse (1877–1962), *Knarren eines geknickten Astes*   144
    Aus: Akzente. Zeitschrift für Dichtung, Heft 5, 1962. München.
    Mit freundlicher Genehmigung des Suhrkamp Verlages, Frank-
    furt am Main

Georg Heym (1887–1912), *Der Krieg*   76
–, *Nach der Schlacht*   80
–, *Die Gefangenen*   92
–, *Die gefangenen Tiere*   182
–, *Der Gott der Stadt*   204

Aus: Dichtungen und Schriften. Band I. München 1960 ff. Mit freundlicher Genehmigung des Heinrich Ellermann Verlages, München

Jakob van Hoddis (1884–1942), *Es hebt sich ein rosa Gesicht . . .*   170
–, *Weltende*   227
–, *Andante*   239
   Aus: Gesammelte Dichtungen. Sammlung Horizont. Zürich 1958. Mit freundlicher Genehmigung des Verlages der Arche, Peter Schifferli, Zürich

Walter Höllerer (geb. 1922), *Berlin–München 1963*   59
–, *Schiller Gedächtnis*   158
   Aus: Gedichte. Wie entsteht ein Gedicht. Frankfurt am Main 1964. Mit freundlicher Genehmigung des Suhrkamp Verlages, Frankfurt am Main
–, *Ffm. Hbf.*   218
   Aus: Systeme. Neue Gedichte. Berlin 1969. Mit freundlicher Genehmigung des Literarischen Colloquium, Berlin

Max Hölzer (geb. 1915), *Der Kanal . . .*   50
   Aus: Der Doppelgänger. Pfullingen 1959. Mit freundlicher Genehmigung des Günther Neske Verlages, Pfullingen

Hugo von Hofmannsthal (1874–1929), *Terzinen I. Über Vergänglichkeit*   124
–, *Weltgeheimnis*   124
–, *Der Schiffskoch, ein Gefangener, singt:*   199
   Aus: Gesammelte Werke in Einzelausgaben. Gedichte und Lyrische Dramen. Frankfurt am Main 1952. Mit freundlicher Genehmigung des Insel Verlages, Frankfurt am Main

Hans Egon Holthusen (geb. 1913), *Variationen über Zeit und Tod (VII)*   119
   Aus: Labyrinthische Jahre. Neue Gedichte. München 1952. Mit freundlicher Genehmigung des R. Piper Verlages, München

Arno Holz (1863–1929), *Brücke zum Zoo*   25
–, *Unanjenehm*   253
   Aus: Werke. Band I. Berlin-Spandau 1961. Mit freundlicher Genehmigung des Luchterhand Verlages, Darmstadt und Neuwied

Peter Huchel (geb. 1903), *Wintersee*   64
   Aus: Die Sternreuse. Gedichte 1925–1947. München 1967. Mit freundlicher Genehmigung des R. Piper Verlages, München
–, *Schlucht bei Baltschik*   65
–, *Chausseen*   84
–, *Warschauer Gedenktafel*   85
   Aus: Chausseen Chausseen. Gedichte. Frankfurt am Main 1963. Mit freundlicher Genehmigung des S. Fischer Verlages, Frankfurt am Main

Ernst Jandl (geb. 1925), *1944 1945*   84
–, *perfektion*   247
   Aus: Sprechblasen. Gedichte. Neuwied und Berlin 1968. Mit
   freundlicher Genehmigung des Luchterhand Verlages, Darmstadt und Neuwied
–, *im delikatessenladen*   237
–, *etüde in f*   248
   Aus: Laut und Luise. Olten/Freiburg 1966. Mit freundlicher
   Genehmigung des Autors

Bernd Jentzsch (geb. 1940), *Der Ort*   39
   Aus: Quartiermachen. Gedichte. München 1978. Mit freundli-
   cher Genehmigung des Carl Hanser Verlages, München
–, *Das Colditzer Wäldchen*   42
–, *Dieser eine Herbst*   42
   Aus: Akzente. Zeitschrift für Literatur, Heft 5, 1970. München.
   Mit freundlicher Genehmigung des Carl Hanser Verlages,
   München

Erich Kästner (1899–1974), *Maskenball im Hochgebirge*   228
–, *Ein Kubikkilometer genügt*   264
   Aus: Doktor Erich Kästners Lyrische Hausapotheke. München
   1935. Mit freundlicher Genehmigung des Droemer Verlages,
   München, und des Atrium Verlages, Zürich

Georg Kaiser (1878–1945), *Oradour*   265
   Aus: Stücke, Erzählungen, Aufsätze, Gedichte. Berlin 1966. Mit
   freundlicher Genehmigung des Ullstein Verlages, Frankfurt/
   Berlin, und des Georg-Kaiser-Archivs, Berlin

Wassily Kandinsky (1866–1944), *Immer Zusammen*   224
   Aus: Anthologie der Abseitigen, Poètes à l'Ecart. Bern 1946. Mit
   freundlicher Genehmigung des Benteli Verlages, Bern

Hermann Kasack (1896–1966), *Alte Klage*   34
–, *Treibend*   187
–, *Vorüber*   188
   Aus: Wasserzeichen. Frankfurt am Main 1964. Mit freundlicher
   Genehmigung des Suhrkamp Verlages, Frankfurt am Main

Marie Luise Kaschnitz (1901–1975), *Bräutigam Froschkönig*   89
   Aus: Neue Gedichte. Hamburg 1957
–, *Nicht gesagt*   167
–, *Mann und Maus*   196
   Aus: Ein Wort weiter. Gedichte. Hamburg 1965. Mit freundli-
   cher Genehmigung des Claassen Verlages, Hamburg und Düs-
   seldorf
–, *Inwendig*   165
–, *Zuende*   197
   Mit freundlicher Genehmigung der Autorin

Rainer Kirsch (geb. 1934), *Ausflug machen*   100
–, *Aufschub*   108
    Aus: Auszog das Fürchten zu lernen. Prosa Gedichte Komödie.
    Reinbek 1978. Mit freundlicher Genehmigung des Rowohlt Ver-
    lages, Reinbek bei Hamburg

Sarah Kirsch (geb. 1935), *Im Sommer*   40
–, *Allein*   41
    Aus: Rückenwind. Ebenhausen 1977. Mit freundlicher Geneh-
    migung des Verlages Langewiesche-Brandt, Ebenhausen bei
    München

Klabund (1890–1928), *Ironische Landschaft*   24
–, *Deutsches Volkslied*   75
    Aus: Der himmlische Vagant. Eine Auswahl aus dem Werk.
    Köln 1978. Mit freundlicher Genehmigung des Verlages Kiepen-
    heuer & Witsch, Köln

Paul Klee (1879–1940), *Traum*   189
–, *– helft bauen –*   190
    Aus: Gedichte. Sammlung Horizont. Zürich. Mit freundlicher
    Genehmigung des Verlages der Arche, Peter Schifferli, Zürich

Wilhelm Klemm (1881–1968), *Das Autounglück*   189
    Aus: Akzente. Zeitschrift für Literatur, Heft 2, 1968. München

Gertrud Kolmar (1894–1943), *Grabschrift*   101
–, *Trauerspiel*   182
    Aus: Das lyrische Werk. München 1960. Mit freundlicher Ge-
    nehmigung des Kösel-Verlages, München

Anise Koltz (geb. 1928), *Erde du bist weit . . .*   174
–, *Immer wascht ihr . . .*   221
    Mit freundlicher Genehmigung der Autorin

Ursula Krechel (geb. 1947), *Liebe am Horizont*   149
–, *Frischer Saft*   208
–, *Über die Perspektive*   276
    Aus: Nach Mainz! Gedichte. Darmstadt und Neuwied 1977. Mit
    freundlicher Genehmigung des Luchterhand Verlages, Darm-
    stadt und Neuwied

Karl Krolow (geb. 1915), *Landschaft aus der Luft*   67
–, *Wenn es grün wird*   67
    Aus: Der Einfachheit halber. Gedichte. Frankfurt am Main 1977
–, *Heute noch*   116
–, *Gesang vor der Tür*   197
    Aus: Fremde Körper. Neue Gedichte. Frankfurt am Main 1959.
    Mit freundlicher Genehmigung des Suhrkamp Verlages, Frank-
    furt am Main

Günter Kunert (geb. 1929), *Hausvisite*   150
–, *Nachlaßlager, Kleine Alexanderstraße, Berlin*   152
–, *Vorschlag*   161
–, *Grünes Gedicht*   175
–, *Daystream*   213
    Mit freundlicher Genehmigung des Autors

Reiner Kunze (geb. 1933), *Fischritt am Neujahrsmorgen*   38
    Aus: Sensible Wege. Reinbek 1969. Mit freundlicher Genehmi-
    gung des Rowohlt-Verlages, Reinbek bei Hamburg
–, *Zimmerlautstärke*   105
–, *Das Ende der Fabeln*   107
    Aus: Zimmerlautstärke. Gedichte. Frankfurt a. M. 1972. Mit
    freundlicher Genehmigung des S. Fischer Verlages, Frankfurt a. M.

Elisabeth Langgässer (1899–1950), *Regnerischer Sommer*   55
–, *Winterwende*   57
    Aus: Gedichte. Hamburg 1959. Mit freundlicher Genehmigung
    des Claassen Verlages, Hamburg und Düsseldorf

Else Lasker-Schüler (1876–1945), *Versöhnung*   132
–, *Ein alter Tibetteppich*   133
–, *Mein blaues Klavier*   140
–, *Gebet*   141
–, *Ich weiß*   142
    Aus: Gesammelte Werke in 3 Bänden. Gedichte 1902–1943.
    München 1959 ff. Mit freundlicher Genehmigung des Kösel-
    Verlages, München

Christine Lavant (1915–1973), *ALTER Schlaf, wo hast du deine
Söhne?*   141
    Aus: Die Bettlerschale. Salzburg 1956. Mit freundlicher Geneh-
    migung des Otto Müller Verlages, Salzburg

Wilhelm Lehmann (1882–1968), *An meinen jüngeren Sohn*   51
–, *Fallende Welt*   52
–, *Oberon*   53
    Aus: Sämtliche Werke. Gütersloh 1962. Mit freundlicher Ge-
    nehmigung des C. Bertelsmann Verlages, Gütersloh

Kurt Leonhard (geb. 1910), *Ein fußgekitzelter…*   249
    Mit freundlicher Genehmigung des Autors

Alfred Lichtenstein (1889–1914), *Die Zeichen*   71
–, *Abschied*   71
–, *Die Dämmerung*   225
–, *Das Konzert*   226
    Aus: Gesammelte Gedichte. Sammlung Horizont. Zürich 1962.
    Mit freundlicher Genehmigung des Verlages der Arche, Peter
    Schifferli, Zürich

Otto zur Linde (1873–1938), *Herbstsonne. Wolken. Die Birke* 26
 Aus: Charon. Auswahl aus seinen Gedichten. München 1952.
 Mit freundlicher Genehmigung des R. Piper Verlages, München

Oskar Loerke (1884–1941), *Märkische Landschaft* 36
–, *Landschaft im Strom* 66
–, *Genesungsheim* 92
 Aus: Die Gedichte. Frankfurt am Main 1958
–, *Ende der Gewalt* 102
 Aus: Die Abschiedshand. Letzte Gedichte. Berlin 1949. Mit
 freundlicher Genehmigung des Suhrkamp Verlages, Frankfurt
 am Main

Ernst Wilhelm Lotz (1890–1914), *Wir fanden Glanz* 134
 Aus: Menschheitsdämmerung. Hamburg 1959. Mit freundlicher
 Genehmigung des Rowohlt Taschenbuch Verlages, Reinbek bei
 Hamburg

Georg Maurer (geb. 1907), *Auf dem Wendelstein* 60
 Aus: Variationen. Halle 1965. Mit freundlicher Genehmigung
 des Mitteldeutschen Verlags, Halle

Friederike Mayröcker (geb. 1924), *Text dem Mazedonischen angenähert* 214
 Aus: Tod durch Musen. Reinbek bei Hamburg 1966. Mit
 freundlicher Genehmigung des Rowohlt Verlages, Reinbek bei
 Hamburg

Christoph Meckel (geb. 1935), *Lied zur Pauke* 271
–, *Mäusejagd* 275
 Aus: Wildnisse. Frankfurt am Main 1962. Mit freundlicher Ge-
 nehmigung des S. Fischer Verlages, Frankfurt am Main

Walter Mehring (geb. 1896), *Die Sage vom Großen Krebs* 93
–, *Kinderlied* 232
 Aus: Großes Ketzerbrevier. Die Kunst der lyrischen Fuge. Mün-
 chen–Berlin 1974. Mit freundlicher Genehmigung der F. A.
 Herbig Verlagsbuchhandlung, München–Berlin

Ernst Meister (1911–1979), *Zerstreuung eines Fisches* 172
–, *Ein Stück Zeitungspapier* 172
 Aus: Dem Spiegelkabinett gegenüber. Stierstadt 1954
–, *Zeigen* 173
 Aus: Zahlen und Figuren. Wiesbaden 1958. Mit freundlicher
 Genehmigung des Autors

Karl Mickel (geb. 1935), *Petzower Sommer* 40
–, *Der Wald* 41
–, *An M.* 107
 Aus: Vita Nova mea. Mein neues Leben. Gedichte. Berlin und

Weimar 1966. Mit freundlicher Genehmigung des Rowohlt Verlages, Reinbek bei Hamburg

Alfred Mombert (1872–1942), *ALLES ist hier . . .*   133
–, *Der dürre Mönch*   168
–, *Mich treibt die Macht »Unaufhaltbar« – . . .*   168
Aus: Dichtungen. Band I. München 1964. Mit freundlicher Genehmigung des Kösel-Verlages, München

Franz Mon (geb. 1926), *weil ich in ordnung gehe . . .*   106
Aus: Lyrik aus dieser Zeit 1967/68. München und Eßlingen 1967
–, *in den schwanz gebissen*   250
Aus: Lesebuch. Neuwied und Berlin 1967. Mit freundlicher Genehmigung des Luchterhand Verlages, Darmstadt und Neuwied

Christian Morgenstern (1871–1914), *Möwenlied*   238
–, *Das Mondschaf*   238
–, *Das Knie*   271
Aus: Alle Galgenlieder. Wiesbaden 1956. Mit freundlicher Genehmigung des Insel Verlages, Frankfurt am Main

Otto Nebel (1892–1973), *Zuginsfeld*   72
Aus: Anthologie der Abseitigen, Poètes à l'Ecart. Bern 1946. Mit freundlicher Genehmigung des Benteli Verlages, Bern

Dagmar Nick (geb. 1926), *Den Generälen ins Soldbuch*   277
Aus: Fluchtlinien. Gedichte seit 1945. München 1978. Mit freundlicher Genehmigung der Delp'schen Verlagsbuchhandlung, München

Helga M. Novak (geb. 1935), *traurige Gegend*   43
–, *kleines Grenzlied*   43
Aus: Margarete mit dem Schrank. Gedichte. Berlin 1978. Mit freundlicher Genehmigung des Rotbuch Verlages, Berlin
–, *vom Deutschen und der Polizei*   274
Aus: Colloquium mit vier Häuten. Neuwied 1968. Mit freundlicher Genehmigung des Luchterhand Verlages, Darmstadt und Neuwied

Heinz Piontek (geb. 1925), *Krähen*   34
–, *Die Furt*   35
Aus: Die Furt. Gedichte. Eßlingen 1952. Mit freundlicher Genehmigung des Autors
–, *Zurückdenkend*   88
Aus: Klartext. Hamburg 1966. Mit freundlicher Genehmigung des Hoffmann & Campe Verlages, Hamburg

Johannes Poethen (geb. 1928), *»So nimm von der sonne und geh«*   143
Aus: Ankunft und Echo. Gedichte und Prosagedichte. Frankfurt

am Main 1961. Mit freundlicher Genehmigung des S. Fischer Verlages, Frankfurt am Main

Christa Reinig (geb. 1926), *Vor der Abfahrt*   105
–, *Der Baum, der reden lernte*   106
    Aus: Schwalbe von Olevano. Neue Gedichte. Stierstadt/Ts. 1969. Mit freundlicher Genehmigung der Eremiten Presse, Stierstadt
–, *Kassiber*   109
    Aus: Gedichte. Frankfurt am Main 1963. Mit freundlicher Genehmigung des S. Fischer Verlages, Frankfurt am Main

Walter Rheiner (1895–1925), *Trauer*   178
–, *Das Haus*   179
    Mit freundlicher Genehmigung des Walter-Rheiner-Archivs, Berlin

Rainer Maria Rilke (1875–1926), *Die Sonette an Orpheus (XXV)*   123
–, *Jetzt reifen schon die roten Berberitzen . . .*   123
–, *Die achte Duineser Elegie*   137
–, *Ausgesetzt auf den Bergen des Herzens . . .*   139
–, *Der Panther*   183
    Aus: Sämtliche Werke. Frankfurt am Main 1955. Mit freundlicher Genehmigung des Insel Verlages, Frankfurt am Main

Joachim Ringelnatz (1883–1934), *Schindluder*   236
–, *Die neuen Fernen*   264
    Aus: Und auf einmal steht es neben dir. Berlin 1950. Mit freundlicher Genehmigung des Karl H. Henssel Verlages, Berlin

Friederike Roth (geb. 1948), *Schwäbisch Gmünd*   53
–, *Liebesgedicht*   148
    Aus: Tollkirschenhochzeit. Gedichte. Darmstadt und Neuwied 1978. Mit freundlicher Genehmigung des Luchterhand Verlages, Darmstadt und Neuwied

Peter Rühmkorf (geb. 1929), *Variation auf »Abendlied« von Matthias Claudius*   200
    Aus: Kunststücke. Reinbek bei Hamburg 1962. Mit freundlicher Genehmigung des Autors
–, *Schluß der Audienz*   223
–, *Anti-Ikarus*   263
    Aus: Irdisches Vergnügen in g. Hamburg 1959. Mit freundlicher Genehmigung des Rowohlt Verlages, Reinbek bei Hamburg

Martha Saalfeld (geb. 1898), *Die Hasen*   31
    Aus: Herbstmond. München 1958. Mit freundlicher Genehmigung des Kurt Desch Verlages, München

Nelly Sachs (1891–1970), *Chor der Geretteten*   96

–, *Auf daß die Verfolgten nicht Verfolger werden*   97
–, *So einsam ist der Mensch*   140
–, *Sieh doch*   206
    Aus: Fahrt ins Staublose. Frankfurt am Main 1961. Mit freundlicher Genehmigung des Suhrkamp Verlages, Frankfurt am Main

Johannes Schenk (geb. 1941), *Schichtzettel*   206
    Aus: Zittern. Fünfundvierzig Gedichte. Berlin 1977. Mit freundlicher Genehmigung des Verlages Klaus Wagenbach, Berlin

René Schickele (1883–1940), *Abschwur*   102
    Aus: Werke in drei Bänden. Köln/Berlin 1959. Mit freundlicher Genehmigung des Verlages Kiepenheuer & Witsch, Köln

Hans Schiebelhuth (1895–1944), *Feld*   74
    Aus: Werke I/II mit Kommentar und Bibliographie. Schriftenreihe Agora 20/21. Darmstadt 1966/67. Mit freundlicher Genehmigung der Agora Schriftenreihe, Darmstadt

Rudolf Alexander Schröder (1878–1962), *Irgendwo*   130
    Aus: Achtzig Gedichte. Berlin und Frankfurt am Main 1951. Mit freundlicher Genehmigung des Suhrkamp Verlages, Frankfurt am Main

Karl Schwedhelm (geb. 1915), *gleich und gültig*   164
–, *sedativer rat für staatsbesuche*   278
    Mit freundlicher Genehmigung des Autors

Kurt Schwitters (1887–1948), *Stumm*   121
–, *Wand*   171
–, *Beingrenzen*   172
–, *Cigarren*   244
    Aus: Anna Blume und ich. Zürich 1965. Mit freundlicher Genehmigung des Verlages der Arche, Peter Schifferli, Zürich

Günter Seuren (geb. 1932), *Christus war da*   29
    Aus: Der Jagdherr liegt im Sterben. Gedichte. Reinbek 1974. Mit freundlicher Genehmigung des Rowohlt Taschenbuch Verlages, Reinbek bei Hamburg

Ernst Stadler (1883–1914), *Mittag*   23
–, *Schwerer Abend*   23
–, *Ballhaus*   204
    Aus: Ernst Stadler ›Dichtungen‹. München 1954. Mit freundlicher Genehmigung des Heinrich Ellermann Verlages, München

August Stramm (1874–1915), *Patrouille*   78
–, *Vernichtung*   78
–, *Verabredung*   134
    Aus: Dein Lächeln weint. Gesammelte Gedichte. Wiesbaden

1956. Mit freundlicher Genehmigung des Limes Verlages, Wiesbaden

Jürgen Theobaldy (geb. 1944), *Oktober*   61
  Aus: Akzente. Zeitschrift für Literatur, Heft 2, 1978. München.
  Mit freundlicher Genehmigung des Autors
–, *Nah bei der Boutique*   207
  Aus: Akzente. Zeitschrift für Literatur, Heft 3, 1977. München.
  Mit freundlicher Genehmigung des Autors

Jesse Thoor (1905–1952), *Selig ist...*   196
–, *Das zweite Irrenhaussonett*   229
–, *Wolfsonett (– im Februar 1944)*   268
  Aus: Die Sonette und Lieder. Heidelberg/Darmstadt 1956. Mit
  freundlicher Genehmigung des Lambert Schneider Verlages,
  Heidelberg

Georg Trakl (1887–1914), *Die schöne Stadt*   47
–, *Im Winter*   48
–, *Grodek*   79
–, *Verfall*   177
–, *Die Ratten*   177
–, *Trübsinn*   178
  Aus: Die Dichtungen. Salzburg 1938. Mit freundlicher Genehmigung des Otto Müller Verlages, Salzburg

Kurt Tucholsky (1890–1935), *Das Lächeln der Mona Lisa*   147
–, *Park Monceau*   262
  Aus: Gesammelte Werke. Hamburg 1960. Mit freundlicher Genehmigung des Rowohlt Verlages, Reinbek bei Hamburg

Georg von der Vring (1889–1968), *Nachtstunde*   131
  Aus: Die Lieder des Georg von der Vring. München 1968. Mit
  freundlicher Genehmigung des Langen-Müller Verlages, München

Frank Wedekind (1864–1918), *Der Tantenmörder*   229
–, *Brigitte B.*   230
  Aus: Prosa – Dramen – Verse. München 1960. Mit freundlicher
  Genehmigung des Langen-Müller Verlages, München

Konrad Weiss (1880–1940), *Aktäon*   127
  Aus: Dichtungen und Schriften. Gedichte 1914–1939. München.
  Mit freundlicher Genehmigung des Kösel-Verlages, München

Franz Werfel (1890–1945), *Und doch*   21
–, *Dezemberabend in Wien 1936*   27
–, *Vorfrühling*   27
–, *Die Wortemacher des Krieges*   76
–, *Fremde sind wir auf der Erde Alle*   135

Aus: Das lyrische Werk. Frankfurt am Main 1967. Mit freundlicher Genehmigung des S. Fischer Verlages, Frankfurt am Main

Wolfgang Weyrauch (geb. 1907), *Die Gleichung*   99
Aus: Die Spur. Neue Gedichte. Olten und Freiburg/Breisgau 1963. Mit freundlicher Genehmigung des Autors
–, *Orpheus in der Mittelwelt*   153
Aus: Dimension, Contemporary German Arts and Letters. Austin 1968
–, *Und drunter*   156
Mit freundlicher Genehmigung des Autors

Eugen Gottlob Winkler (1912–1936), *Bildnis einer Landschaft*   24
Aus: Dichtung, Gestalten und Probleme, Nachlaß. Pfullingen 1956. Mit freundlicher Genehmigung des Günther Neske Verlages, Pfullingen

Gabriele Wohmann (geb. 1932), *Ich bin kein Insekt*   199
–, *Ich war mit dem Abschiedsbrief fertig*   200
–, *Strom*   216
Mit freundlicher Genehmigung der Autorin

Ror Wolf (geb. 1932), *vier herren*   233
–, *mein famili*   233
–, *die köchin*   235
Aus: Mein Famili. Steinbach 1968. Mit freundlicher Genehmigung des Anabas-Verlages, Steinbach

Karl Wolfskehl (1869–1948), *Herbst*   45
–, *Nova Apocalypsis*   93
Aus: Gesammelte Werke. Hamburg 1960. Mit freundlicher Genehmigung des Claassen Verlages, Düsseldorf

Karl Alfred Wolken (geb. 1929), *Vier Beine hat der Tisch*   160
Aus: Klare Verhältnisse. München 1968. Mit freundlicher Genehmigung des Carl Hanser Verlages, München

Wolf Wondratschek (geb. 1934), *Träumerei in Ornos*   61
–, *Zwei Liebende*   149
–, *Ein Dichter in Amerika*   221
Aus: Männer und Frauen. Gedichte/Lieder III. München 1978. Mit freundlicher Genehmigung des Verlages Zweitausendeins, Frankfurt am Main

Paul Zech (1881–1946), *Schwarz . . . schwer . . .*   146
Aus: Antlitz der Zeit. Berlin o. J. Mit freundlicher Genehmigung des Volksverbandes der Bücherfreunde, Berlin

Albin Zollinger (1895–1941), *Sonntag*   32
–, *Tiefe des Traums*   169
Aus: Gedichte. Zürich 1962. Mit freundlicher Genehmigung des Atlantis-Verlages, Zürich

Verzeichnis der Überschriften oder – wo solche fehlen – der Gedichtanfänge

abendnachrichten (Hans Magnus Enzensberger)   119

Abendstimmung (Ernst Blaß)   225

Abgezählt (Ilse Aichinger)   192

Abschied (Gottfried Benn)   136

Abschied (Alfred Lichtenstein)   71

Abschwur (René Schickele)   102

Aktäon (Konrad Weiss)   127

Allein (Sarah Kirsch)   41

Allerseelen (Paul Celan)   145

Alles ist hier (Alfred Mombert)   133

Alte Klage (Hermann Kasack)   34

ALTER Schlaf, wo hast du deine Söhne? (Christine Lavant)   141

Am Stadtrand, Militärringstraße (Jürgen Becker)   211

An die Nachgeborenen (Bertolt Brecht)   286

An M. (Karl Mickel)   107

An meinen jüngeren Sohn (Wilhelm Lehmann)   51

Andante (Jakob van Hoddis)   239

Angina (Claire Goll)   185

Anklage (Rose Ausländer)   99

Anrufung des Großen Bären (Ingeborg Bachmann)   118

Anti-Ikarus (Peter Rühmkorf)   263

Astern (Gottfried Benn)   44

Auf daß die Verfolgten nicht Verfolger werden (Nelly Sachs)   97

Auf dem Wendelstein (Georg Maurer)   60

Aufschub (Rainer Kirsch)   108

Augenlider aus Stein (Claire Goll)   185

Ausflug machen (Rainer Kirsch)

Ausgesetzt auf den Bergen des Herzens . . . (Rainer Maria Rilke)   139

Ballade vom preußischen Ikarus (Wolf Biermann)   283

Ballhaus (Ernst Stadler)   204

Bei Linz (Ilse Aichinger)   161

Beim Nachdenken über Vorbilder (Erich Fried)   272

Beingrenzen (Kurt Schwitters)   172

Beispiele (Peter Härtling)   143

Bericht aus dem Garten (Rainer Brambach)   35

Berlin–München 1963 (Walter Höllerer)   59

Bilder aus Mecklenburg (Carl Guesmer)   36

Bildnis einer Landschaft (Eugen Gottlob Winkler)   24

bohnen sind weisse kiesel (Ernst Eggimann)   193

Botschaften des Regens (Günter Eich)   68

Bräutigam Froschkönig (Marie Luise Kaschnitz)   89

Breitbrunn (Ilse Aichinger)   135

Bremen wodu (Helmut Heißenbüttel)   245

Brigitte B. (Frank Wedekind)   230

Brücke zum Zoo (Arno Holz)   25

Chausseen (Peter Huchel) 84
Chor der Geretteten (Nelly Sachs) 96
Christus war da (Günter Seuren) 29
Cigarren (Kurt Schwitters) 244

Das Autounglück (Wilhelm Klemm) 189
das bezungte brett (Hans Arp) 240
Das Colditzer Wäldchen (Bernd Jentzsch) 42
Das Ende der Fabeln (Reiner Kunze) 107
Das Gespenst (Hugo Ball) 170
Das Haus (Walter Rheiner) 179
Das Knie (Christian Morgenstern) 271
Das Konzert (Alfred Lichtenstein) 226
Das Lächeln der Mona Lisa (Kurt Tucholsky) 147
Das Mondschaf (Christian Morgenstern) 238
das Sagbare sagen (Helmut Heißenbüttel) 162
Das Tagesgerippe (7) (Hans Arp) 191
Das zweite Irrenhaussonett (Jesse Thoor) 229
Daystream (Günter Kunert) 213
Den Generälen ins Soldbuch (Dagmar Nick) 277
Der Baum, der reden lernte (Christa Reinig) 106
Der dürre Mönch (Alfred Mombert) 168
Der ferne Krieg (Volker Braun) 120
Der Gang (Horst Bingel) 105
Der Gesang der Wale (Günter Herburger) 180
Der Gott der Stadt (Georg Heym) 204
Der Hase (Georg Britting) 30
Der Ilmensee 1941 (Johannes Bobrowski) 63
Der junge Soldat (Hans Bender) 83
Der Kanal . . . (Max Hölzer) 50
Der Kirschbaum (Wolfgang Bächler) 37
Der Krieg (Georg Heym) 76
Der Ort (Bernd Jentzsch) 39
Der Panther (Rainer Maria Rilke) 183
Der poussierte Gast (6) (Hans Arp) 190
Der Radwechsel (Bertolt Brecht) 147
Der Salzsee (Yvan Goll) 184
Der Schiffskoch, ein Gefangener, singt: (Hugo von Hofmannsthal) 199
Der Staubbaum (Yvan Goll) 184
Der Tantenmörder (Frank Wedekind) 229
Der Wald (Karl Mickel) 41
Deutsche Gräber an der Ostfront (Johannes R. Becher) 80
Deutscher Wald (Rolf Haufs) 41
Deutsches Volkslied (Klabund) 75
Dezemberabend in Wien 1936 (Franz Werfel) 27
Dezembermorgen (Walter Gross) 31
Die achte Duineser Elegie (Rainer Maria Rilke) 137
Die Dämmerung (Alfred Lichtenstein) 225
Die drei Lesungen des Gesetzes (Peter Handke) 279
Die Furt (Heinz Piontek) 35

Die Gefangenen (Georg Heym)   92
Die gefangenen Tiere (Georg Heym)   182
Die gestundete Zeit (Ingeborg Bachmann)   198
Die Gleichung (Wolfgang Weyrauch)   99
Die Hasen (Martha Saalfeld)   31
die köchin (Ror Wolf)   235
Die Krücken (Bertolt Brecht)   259
Die Maßnahmen (Erich Fried)   69
Die neuen Fernen (Joachim Ringelnatz)   264
Die Ratten (Georg Trakl)   177
Die Sage vom Großen Krebs (Walter Mehring)   93
Die schöne Stadt (Georg Trakl)   47
Die September-Sonette (Rudolf Borchardt)   129
Die Sonette an Orpheus (XXV) (Rainer Maria Rilke)   123
Die toten Städte (Stephan Hermlin)   86
Die unbenutzten Todesursachen (Peter Handke)   201
Die Vögel und der Test (Stephan Hermlin)   91
Die Wortemacher des Krieges (Franz Werfel)   76
Die Zeichen (Alfred Lichtenstein)   71
Dieser eine Herbst (Bernd Jentzsch)   42
Drei Arten Gedichte aufzuschreiben (Hilde Domin)   163
Durch und durch (Ilse Aichinger)   193

Ein alter Tibetteppich (Else Lasker-Schüler)   133
Ein Dichter in Amerika (Wolf Wondratschek)   221
Ein fußgekitzelter . . . (Kurt Leonhard)   249
Ein Kubikkilometer genügt (Erich Kästner)   264
Ein Stück Zeitungspapier (Ernst Meister)   172
Ein Wort (Gottfried Benn)   90
Ein Traum (Peter Gan)   90
Einer jener klassischen (Rolf Dieter Brinkmann)   208
Eingang (Stefan George)   45
Einzelheit, damals (Nicolas Born)   87
Ende der Gewalt (Oskar Loerke)   102
Entwurf einer Landschaft (Paul Celan)   51
Erde du bist weit (Anise Koltz)   174
Es hebt sich ein rosa Gesicht (Jakob van Hoddis)   170
etüde in f (Ernst Jandl)   248
Exekution (Horst Bienek)   110

Falada (Günter Grass)   236
Fallende Welt (Wilhelm Lehmann)   52
Feld (Hans Schiebelhuth)   74
Fesselung (Walter Helmut Fritz)   117
Ffm.Hbf. (Walter Höllerer)   218
Fischmarkt (Wolfgang Bächler)   29
Fischritt am Neujahrsmorgen (Reiner Kunze)   38
Fragebogen (Rose Ausländer)   98
Fragegedicht (Horst Bingel)   268
Fragen eines Arbeiters während der Revolution (Volker Braun)   261
Fragen eines lesenden Arbeiters (Bertolt Brecht)   260

Fragmente (Gottfried Benn) 212
Fremde sind wir auf der Erde Alle (Franz Werfel) 135
Frischer Saft (Ursula Krechel) 208
Fritz Cremer, Bronze: »Der Aufsteigende« (Wolf Biermann) 284
Für ein Kind (Günter Bruno Fuchs) 142
fund im schnee (Hans Magnus Enzensberger) 90

Gebet (Else Lasker-Schüler) 141
Gebrauchsanweisung zu einem Protokoll (Volker Braun) 272
Gelöbnisse des neuen Bürgermeisters (Günter Bruno Fuchs) 281
Genesungsheim (Oskar Loerke) 92
Genug davon (Elisabeth Borchers) 116
Gesang vor der Tür (Karl Krolow) 197
gleich und gültig (Karl Schwedhelm) 164
Goethe-Tag (Stefan George) 219
Grabschrift (Gertrud Kolmar) 101
Graue Zeiten (Hilde Domin) 265
Grodek (Georg Trakl) 79
Grünes Gedicht (Günter Kunert) 175

Hausvisite (Günter Kunert) 150
Heimkehr (Albert Ehrenstein) 135
– helft bauen – (Paul Klee) 190
Herbst (Hilde Domin) 186
Herbst (Karl Wolfskehl) 45
Herbstsonne. Wolken. Die Birke (Otto zur Linde) 26
Heute noch (Karl Krolow) 116
Huhediblu (Paul Celan) 242
Humorlos (Erich Fried) 103

Ich bin kein Insekt (Gabriele Wohmann) 199
Ich erzähle dir (Elisabeth Borchers) 174
Ich war mit dem Abschiedsbrief fertig (Gabriele Wohmann) 200
Ich weiß (Else Lasker-Schüler) 142
im delikatessenladen (Ernst Jandl) 237
Im D-Zug München–Hannover (Nicolas Born) 59
Im Sommer (Sarah Kirsch) 40
Im Vollmondglanze (Max Herrmann-Neisse) 66
Im Winter (Georg Trakl) 48
Immer wascht ihr… (Anise Koltz) 221
Immer Zusammen (Wassily Kandinsky) 224
Im Schatten der Hochhäuser (Jürgen Becker) 211
in den schwanz gebissen (Franz Mon) 250
ins lesebuch für die oberstufe (Hans Magnus Enzensberger) 120
Inventur (Günter Eich) 82
Inwendig (Marie Luise Kaschnitz) 165
Irgendwo (Rudolf Alexander Schröder) 130
Ironische Landschaft (Klabund) 24
Jetzt reifen schon die roten Berberitzen… (Rainer Maria Rilke) 123
Junge Pferde (Paul Boldt) 28

Kassiber (Christa Reinig)   109
Kinderlied (Walter Mehring)   232
kleines Grenzlied (Helga M. Novak)   43
Knarren eines geknickten Astes (Hermann Hesse)   144
Komm in den totgesagten park… (Stefan George)   44
Kostbar (Peter Härtling)   144
Krähen (Heinz Piontek)   34
Kreisen (Rose Ausländer)   34
küchenzettel (Hans Magnus Enzensberger)   261

Landschaft (Theodor Däubler)   47
Landschaft aus der Luft (Karl Krolow)   67
Landschaft im Strom (Oskar Loerke)   66
Langsam, ein Sonntag (Jürgen Becker)   211
Latrine (Günter Eich)   81
Leben eines Mannes (Werner Bergengruen)   131
Liebe am Horizont (Ursula Krechel)   149
Liebesgedicht (Friederike Roth)   148
Lied der Starenschwärme (Bertolt Brecht)   103
Lied zur Pauke (Christoph Meckel)   271
Lob des Ungehorsams (Franz Fühmann)   258

Märkische Landschaft (Oskar Loerke)   36
Mäusejagd (Christoph Meckel)   275
Mann und Maus (Marie Luise Kaschnitz)   196
Maskenball im Hochgebirge (Erich Kästner)   228
Mein blaues Klavier (Else Lasker-Schüler)   140
Mein Bruder war ein Flieger (Bertolt Brecht)   81
mein famili (Ror Wolf)   233
Mein Glück (Ludwig Fels)   188
Mich treibt die Macht »Unaufhaltbar« – (Alfred Mombert)   168
Mittag (Ernst Stadler)   23
Möwenlied (Christian Morgenstern)   238
Morgendliche Rede an den Baum Griehn (Bertolt Brecht)   259

Nach dem Manöver (F. C. Delius)   282
Nach der Schlacht (Georg Heym)   80
nach jeder nacht… (Friedrich Hagen)   101
Nachhut (Günter Eich)   117
Nachlaßlager, Kleine Alexanderstraße, Berlin (Günter Kunert)   152
Nachtfischer (Johannes Bobrowski)   64
Nachtstunde (Georg von der Vring)   131
Nächtliches Stadion (Günter Grass)   239
Nah bei der Boutique (Jürgen Theobaldy)   207
1944 1945 (Ernst Jandl)   84
Nicht gesagt (Marie Luise Kaschnitz)   167
Nichts (Raoul Hausmann)   203
Niemand wird kommen (Rainer Brambach)   191
nid nala gewinnt (Ernst Eggimann)   194
Niobe (Heinz Czechowski)   88

313

Nova Apocalypsis (Karl Wolfskehl)   93
November (Hans Bender)   33
nun kenne ich ihn (Ernst Eggimann)   193

Oberon (Wilhelm Lehmann)   53
o bo blow (Eugen Gomringer)   246
Ode an den Herbst (Yvan Goll)   49
Oh, friedlicher Mittag (Rolf Dieter Brinkmann)   210
Oktober (Jürgen Theobaldy)   61
Oktoberende (Hans Bender)   33
Oradour (Georg Kaiser)   265
Orpheus in der Mittelwelt (Wolfgang Weyrauch)   153
Ostern (Johannes Bobrowski)   62

Pargoletta (Rudolf Borchardt)   125
Park Monceau (Kurt Tucholsky)   262
Patrouille (August Stramm)   78
perfektion (Ernst Jandl)   247
Petzower Sommer (Karl Mickel)   40
Porta Nigra (Stefan George)   220

ratschlag auf höchster ebene (Hans Magnus Enzensberger)   275
Raubritter (Georg Britting)   28
Regnerischer Sommer (Elisabeth Langgässer)   55
Reklame (Ingeborg Bachmann)   212

Sagen Schweigen Sagen (Horst Bienek)   166
Sah ein kleines unicorn (Hans Carl Artmann)   250
Sandbank (Ludwig Fels)   187
Satzzeichen (Günter Eich)   192
Schatten Rosen Schatten (Ingeborg Bachmann)   175
Schichtzettel (Johannes Schenk)   206
Schiller Gedächtnis (Walter Höllerer)   158
Schindluder (Joachim Ringelnatz)   236
Schlucht bei Baltschik (Peter Huchel)   65
Schluß der Audienz (Peter Rühmkorf)   223
Schnee-Masken (Yvan Goll)   145
Schützenhilfe (Arnfrid Astel)   104
Schulreform (F. C. Delius)   239
Schwarz ... schwer ... (Paul Zech)   146
Schwäbisch Gmünd (Friederike Roth)   53
Schwerer Abend (Ernst Stadler)   23
sedativer rat für staatsbesuche (Karl Schwedhelm)   278
Sehr fern (Horst Bienek)   110
Selig ist ... (Jesse Thoor)   196
sich zusammenschließen ... (Eugen Gomringer)   165
Sieh doch (Nelly Sachs)   206
Silbermünzen schüttet der Bach ... (Friedrich Hagen)   51
So einsam ist der Mensch (Nelly Sachs)   140
»So nimm von der sonne und geh« (Johannes Poethen)   143

Sonnenuntergang (Ernst Blaß) 65
Sonntag (Albin Zollinger) 32
Strom (Gabriele Wohmann) 216
Stumm (Kurt Schwitters) 121
Stunden (Yvan Goll) 146

Tage mit Hähern (Günter Eich) 32
Taten (Erich Fried) 286
Telefonüberwachung (Arnfrid Astel) 104
Teltowkanal (Wolfgang Hädecke) 109
Terzinen I. Über die Vergänglichkeit (Hugo von Hofmannsthal) 124
Text dem Mazedonischen angenähert (Friederike Mayröcker) 214
Tiefe des Traums (Albin Zollinger) 169
Todesfuge (Paul Celan) 95
Topographien (e) (Helmut Heißenbüttel) 162
Trauer (Walter Rheiner) 178
Trauerspiel (Gertrud Kolmar) 182
Traum (Paul Klee) 189
traurige Gegend (Helga M. Novak) 43
Träumerei in Ornos (Wolf Wondratschek) 61
Treibend (Hermann Kasack) 187
Trübsinn (Georg Trakl) 178
Tübingen (Rose Ausländer) 54

Über die Perspektive (Ursula Krechel) 276
Unanjenehm (Arno Holz) 253
Und doch (Franz Werfel) 21
Und drunter (Wolfgang Weyrauch) 156
Untergang (Günter Bruno Fuchs) 227

Variation auf »Abendlied« von Matthias Claudius
   (Peter Rühmkorf) 200
Variationen über Zeit und Tod (VII) (Hans Egon Holthusen) 119
Verabredung (August Stramm) 134
Verfall (Georg Trakl) 177
Verlorenes Ich (Gottfried Benn) 176
Vernichtung (August Stramm) 78
Versöhnung (Else Lasker-Schüler) 132
verteidigung der wölfe gegen die lämmer
   (Hans Magnus Enzensberger) 273
Vier Beine hat der Tisch (Karl Alfred Wolken) 160
vier herren (Ror Wolf) 233
vom Deutschen und der Polizei (Helga M. Novak) 274
Vor der Abfahrt (Christa Reinig) 105
Vorfrühling (Franz Werfel) 27
Vorschlag (Günter Kunert) 161
Vorüber (Hermann Kasack) 188

Walstatt (Albert Ehrenstein) 79
Wand (Kurt Schwitters) 171

Warschauer Gedenktafel (Peter Huchel) 85
weil ich in ordnung gehe . . . (Franz Mon) 106
weiterung (Hans Magnus Enzensberger) 288
Weltende (Jakob van Hoddis) 227
Weltgeheimnis (Hugo von Hofmannsthal) 124
Wen es trifft (Hilde Domin) 111
Wenn es grün wird (Karl Krolow) 67
Winter des Apennin (Erich Arendt) 58
Wintersee (Peter Huchel) 64
Winterwende (Elisabeth Langgässer) 57
Wir fanden Glanz (Ernst Wilhelm Lotz) 134
Wir schreiten auf und ab im reichen flitter (Stefan George) 128
Wolfsonett (– im Februar 1944) (Jesse Thoor) 268
Wolken (Hugo Ball) 46
worte sind schatten (Eugen Gomringer) 166

Zeigen (Ernst Meister) 173
Zerstreuung eines Fisches (Ernst Meister) 172
Zimmerlautstärke (Reiner Kunze) 105
Zuende (Marie Luise Kaschnitz) 197
Zugefroren (Günter Grass) 173
Zuginsfeld (Otto Nebel) 72
Zurückdenkend (Heinz Piontek) 88
Zwei Liebende (Wolf Wondratschek) 149
Zwiegespräch (Ferdinand Hardekopf) 224